中国珍藏镜鉴书系

名砚
收藏品鉴

林婧琪 编著

北京出版集团公司
北京美术摄影出版社

图书在版编目（CIP）数据

名砚收藏品鉴 / 林婧琪编著. — 北京：北京美术摄影出版社，2017.1
（中国珍藏镜鉴书系）
ISBN 978-7-80501-974-1

Ⅰ.①名… Ⅱ.①林… Ⅲ.①砚—收藏—中国②砚—鉴赏—中国 Ⅳ.①G262.8②TS951.28

中国版本图书馆CIP数据核字(2016)第276992号

中国珍藏镜鉴书系
名砚收藏品鉴
MINGYAN SHOUCANG PINJIAN
林婧琪 编著

*

北京出版集团公司
北京美术摄影出版社　出版

（北京北三环中路6号）
邮政编码：100120

网　　址：www.bph.com.cn
北京出版集团公司总发行
新 华 书 店 经 销
山东海蓝印刷有限公司印刷

*

710毫米×1000毫米　16开本　12印张　200千字
2017年1月第1版　2017年1月第1次印刷
ISBN 978-7-80501-974-1
定价：68.00元

如有印装质量问题，由本社负责调换
质量监督电话：010-58572393
责任编辑电话：010-58572245

前言 FOREWORD

我国有悠久的历史和文化，而记录历史的工具，便是笔、墨、纸、砚这"文房四宝"。砚是"文房四宝"中重要的组成部分，因此古代对砚是相当重视的。

正是因为对砚的格外重视和热衷，让古代的制砚行业变得相当兴盛，像我国的四大名砚，原料产地在被人们熟知之前都是默默无闻的，但是依靠这种资源，这些地区都名震一时，有的砚台产地甚至名传千古。

砚有很长的历史，在历史中涌现的名砚更是数不胜数，虽然很多古砚都最终消亡了，但是古砚带来的精神和文化都流传了下来。在本书中，编者在对古砚的种类和历史进行介绍的基础上，还分别讲述了古砚的材质、造型和流派，并重点对古砚的鉴定与收藏进行了详尽阐述，对读者朋友们了解名砚及其收藏具有很大的指导价值。

古砚的收藏和品鉴是内容很丰富的一个收藏种类，相信读者朋友们在看完本书之后会有不一样的收获。

目录 CONTENTS

第一章 古砚寻根——砚台溯源

第二章 精工细作——古砚的材质与造型

古砚的材质 / 010

　　陶砚 / 012

　　石砚 / 016

　　玉砚 / 018

　　瓷砚 / 020

　　金属砚 / 021

　　漆木砚 / 023

古砚的造型 / 024

　　几何形 / 027

　　仿物形 / 034

　　随形 / 037

　　仿生形 / 039

第三章 各领风骚——古砚的流派与种类

古砚的流派 / 044

　　　　安徽派 / 048

　　　　广东派 / 051

　　　　海派 / 052

　　　　吴门派 / 055

　　　　文人派 / 057

古砚的种类 / 059

　　　　漆砚 / 059

　　　　瓦头砚 / 059

　　　　青州紫金石砚 / 059

　　　　松花石砚 / 060

　　　　博山淄石砚 / 060

　　　　青州金星石砚 / 061

　　　　灵璧砚 / 061

　　　　易水砚 / 062

第四章 驰名神州——中国四大名砚

皖之歙砚 / 064

　　　　歙砚简介 / 064

　　　　歙砚的发展历史 / 067

甘之洮河砚 / 078

　　　　洮河砚简介 / 078

　　　　洮河砚的发展历史 / 080

粤之端砚 / 082

　　　　端砚简介 / 082

　　　　端砚的发展历史 / 086

　　　　端砚的不同坑洞 / 104

　晋之澄泥砚 / 115

　　　　澄泥砚简介 / 115
　　　　澄泥砚的发展历史 / 116

第五章 赏宝鉴珍——古砚的鉴定与收藏

　古砚甄别 / 120

　　　　砚的挑选方法 / 122
　　　　砚的年代鉴定 / 127
　　　　古砚的辨伪 / 134
　　　　古砚的保存 / 139

　精品砚台欣赏 / 147

第一章 古砚寻根——砚台溯源

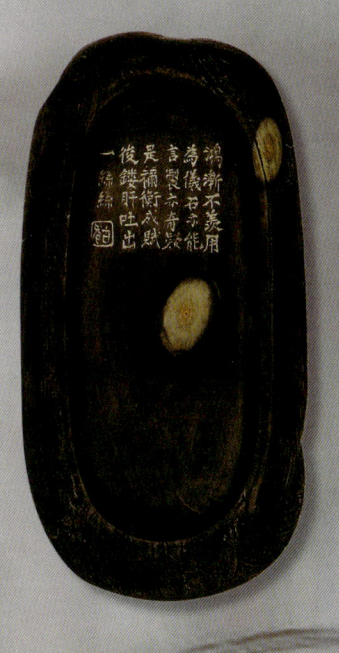

名砚收藏品鉴

在我国，砚有着非常悠久的历史。考古学家曾经在陕西省临潼县姜寨地区挖掘了一处原始公社的遗址，随后出土了原始人用来进行陶器彩绘的工具，其中便有石砚。

最初，我们的祖先都是直接用笔蘸石墨写字，可是这样不够方便，无法写大字，后来想出了一个办法：在硬物上将石墨研磨成汁。这些硬物包括石、玉、砖、陶、铜、铁等。我国古代最常见的就是石砚，而今几千年过去了，在各种材质的砚中，仍以石砚为最佳。

二龙戏珠丹凤朝阳瓦砚

朝代：明

规格：16cm×11cm×3cm

市场参考价：3万～3.2万元

第一章
古砚寻根——砚台溯源

双鹅白石砚
朝代：元
规格：16cm×8cm×8cm
市场参考价：1.5万~1.7万元

从唐代起，广东地区的端砚、安徽歙县的歙砚、甘肃南部的洮河砚和山西地区的澄泥砚就先后出现，这四种砚被合称为"中国四大名砚"，其中质量最佳的是端砚和歙砚。

此外，我国生产石砚的地区还有很多，比如山东青州出产的紫金石砚和龟石砚、临沂地区出产的薛南山石砚和徐公石砚、曲阜地区出产的尼山石砚、大汶口一带出产的燕子石砚、即墨地区出产的田横石砚和温石砚、蓬莱地区出产的砣矶石砚、河南济源出产的天坛砚、安徽宿县出产的乐石砚、江西修水出产的赭砚、浙江江山出产的西砚、湖南湘西出产的水冲砚、吉林松花江下游出产的松花石砚、四川合川出产的嘉陵峡石砚、甘肃嘉峪关出产的嘉峪石砚、宁夏和青海出产的贺兰石砚。

葫芦清玉砚
朝代：明
规格：11cm×8cm×4cm
市场参考价：9万~10万元

003

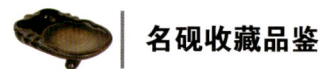 **名砚收藏品鉴**

蓬莱阁罗汉砚

朝代：明

规格：30cm×21cm×10cm

市场参考价：6万~9万元

灵芝大砚

朝代：宋

规格：42cm×32cm×5cm

市场参考价：6万~8万元

第一章
古砚寻根——砚台溯源

仿汉未央宫砚

朝代：汉
规格：32cm×24cm×2cm
市场参考价：3.5万~5.5万元

犀牛望月抄手砚

朝代：宋
规格：22cm×12cm×8cm
市场参考价：2万~4万元

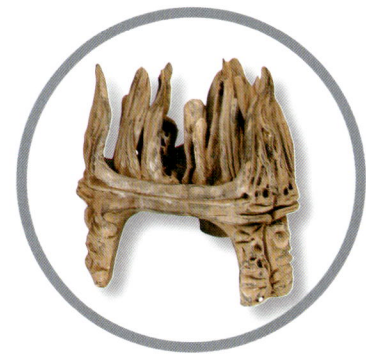

二十三峰三足陶砚

朝代：汉
规格：30cm×28cm×28cm
市场参考价：15万~19万元

　　砚还常被人们称为砚台。砚的其他名字还有砚田、砚池、砚海、墨砚、墨池、墨海、墨盘等。东汉时期的《说文解字》当中对于砚台也有详细介绍："砚，石滑也。"段玉裁注："谓石性滑利也。字之本义，谓石滑不涩，今人研磨者曰：砚。"汉代的刘熙撰写的《释名》在卷六部分《释书契》当中记录的内容有："砚，研也，研墨使和濡也。"

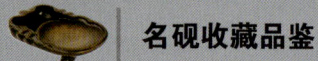 **名砚收藏品鉴**

古人用砚，通常追求简洁，据传说，古代最早使用的"砚"，材质为蚌壳。从这里可以看出当时人们利用简单的原料进行加工制作的高超工艺，利用蚌壳制作研墨或盛放墨的器具也是情理之中的事。

方桌陶砚

朝代：汉
规格：15cm×15cm×8cm
市场参考价：1.5万~2万元

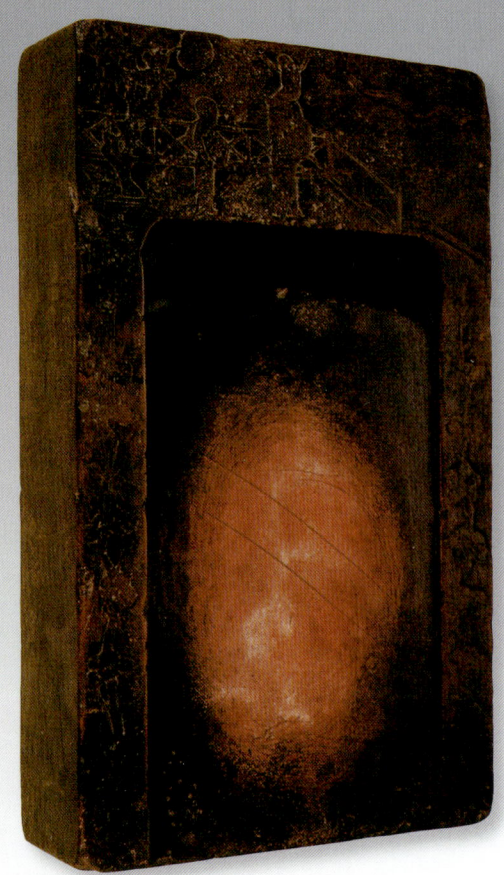

一字形砚

朝代：宋
规格：29cm×17cm×5cm
市场参考价：3万~4万元

第一章
古砚寻根——砚台溯源

葵花形圆陶砚

朝代：汉
规格：16cm×10cm×10cm
市场参考价：1.5万~2万元

砚的发明曾经有文献记载："砚与文字同兴，于黄帝之代也"。宋代的苏易简在《文房四谱·砚谱·叙事》当中记录道："昔黄帝得玉一纽，治为墨海焉，其上篆文曰：'帝鸿氏之研'。"明代的王三聘在《古今事物考》当中记录道："自有书契，即有研砚。盖始于黄帝时也。"砚台发端于黄帝之时，显然可信度是很高的。

斧形砚

朝代：宋
规格：29cm×19cm×7cm
市场参考价：1万~1.5万元

名砚收藏品鉴

腰圆砚

朝代：宋

规格：21cm×13cm×4cm

市场参考价：1万~1.5万元

我国仰韶文化时期就已经出现了研磨器。仰韶文化时期的晚期（距今7000~5000年）人造砚就已经出现了。1980年，陕西省临潼县的仰韶文化初期墓葬便发现了一套研墨工具。汉代之前的砚都带有研磨棒，这种研磨棒的用途就是研墨。汉代使用的墨是墨丸，故而不能用手把持住进行研磨，研磨棒可以压住墨丸进行研磨。汉代砚的材质主要是石、陶，那时候砚就已经大量使用了。东汉末期，墨的形制则从墨丸改进为手执的块墨，研磨棒便随之退出历史舞台。这一时期，砚也出现了多种形制，常见的有圆形的石砚、龟形的陶砚等。

1975年，在湖北省云梦县睡虎地的秦墓当中曾经发现了石砚和研石各一件，砚为圆饼形，表面光滑无纹饰，有研磨棒。同时出土的还有墨和笔，这一方砚是我国现在发现的最早的书写砚。砚及研石都是按照鹅卵石的原型稍作加工制成。

第二章 精工细作——古砚的材质与造型

名砚收藏品鉴

古砚的材质

古砚的材质非常多，有陶砚、石砚、玉砚、瓷砚、金属砚、漆木砚等。其中以石砚最为常见，也备受文人雅士的喜爱。由于材质不同，自身的价值更是千差万别。因此，在收藏砚台时一定要分清是何种材质，做到有的放矢，心中有数。

方渠砚

朝代：清
规格：14cm×14cm×5cm
市场参考价：4万~6万元

方渠砚

朝代：宋
规格：不详
市场参考价：2万~3万元

第二章
精工细作——古砚的材质与造型

凤凰古砚

朝代：宋

规格：28cm×17cm×5cm

市场参考价：1.5万~2万元

锅形陶砚

朝代：汉

规格：不详

市场参考价：1.5万~2万元

》陶砚

　　我国砚的种类众多，陶质砚台就能够区分成一个大类。这是因为陶砚与瓷砚在泥胎结构上并不一致，它们有不同的烧结温度。陶砚最早出现于汉代，非常流行，后世也多有烧制。唐代之后陶砚慢慢减少，石砚占据主要地位。明清时期，砚文化再次兴盛，陶砚作为砚类的一种再次引起人们的重视。陶类砚台有澄泥砚、瓦砚、砖砚等常见种类，其他种类还有唐三彩砚、缸砚、紫砂砚等。

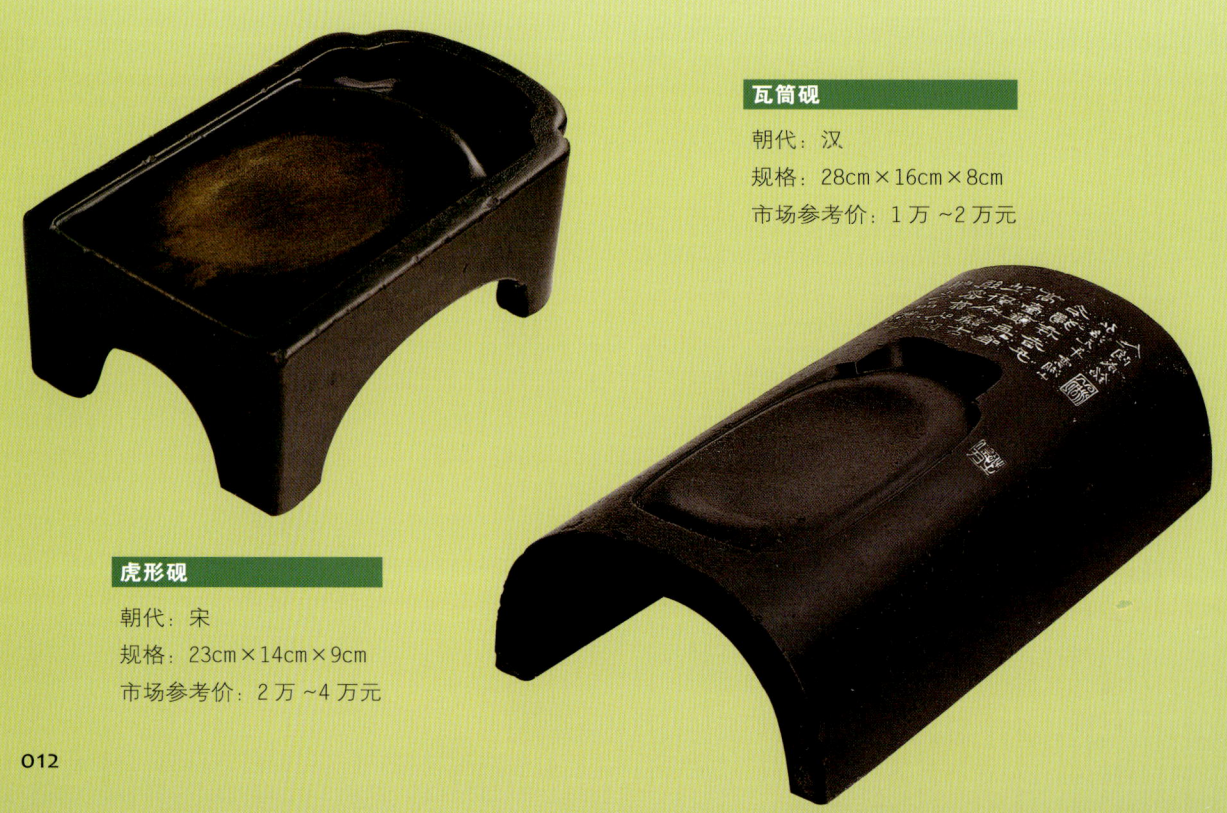

瓦筒砚

朝代：汉
规格：28cm×16cm×8cm
市场参考价：1万~2万元

虎形砚

朝代：宋
规格：23cm×14cm×9cm
市场参考价：2万~4万元

第二章
精工细作——古砚的材质与造型

1. 澄泥砚

澄泥砚,中国"四大名砚"之一,是利用特种胶泥进行加工后,最终烧制成型的一种砚。澄泥砚的泥料是经过澄洗的,因此烧制完成之后的澄泥砚质地细腻,犹如婴儿皮肤一般,而且具有贮水不涸、历寒不冰、发墨而不损毫、滋润胜水的特点,甚至能和石砚中的上品相比,因此前人多有赞誉。今日所见古澄泥砚极为稀少,上品更是难求。

瓦形抄手砚

朝代:明
规格:22cm×13cm×18cm
市场参考价:4万~6万元

瓦形抄手砚

朝代:明
规格:25cm×15cm×7cm
市场参考价:4万~6万元

2. 瓦砚

这种砚采用我国古代建筑物上的瓦进行改造之后制作而成。瓦砚的形式包括两种:一是将筒瓦的瓦身背部磨平,部分砚还可以雕刻砚池,甚至可以在砚池周边进行装饰性雕刻;二是将筒瓦的瓦头背面磨平,随后雕刻砚池。

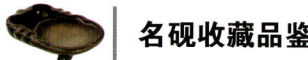 **名砚收藏品鉴**

3. 砖砚

砖砚，陶砚当中的主要种类。秦、汉两代著名宫殿建筑遭受了严重的损伤，剩下的那部分砖有些便改制、仿制为砚台。最著名的砖包括秦代的阿房宫砖、周丰宫砖，汉代的永宁砖、永建砖、长乐砖、中平砖，还有三国两晋时期的魏之铜雀台砖，吴之宝鼎砖、建兴砖，晋之太康砖等。

瓦形抄手砚

朝代：明
规格：25cm×14cm×10cm
市场参考价：3万~5万元

第二章
精工细作——古砚的材质与造型

瓦形大抄手砚

朝代：明

规格：30cm×17cm×10cm

市场参考价：4万~6万元

名砚收藏品鉴

》石砚

砚有许多不同的种类和材质，砚的特色也都是不同的，如果按照功能进行区分，石砚无疑是当中最稳定的，故千百年来一直深受文人雅士的喜爱与推崇。

鱼子石竹笋砚

朝代：清

规格：36cm×16cm×4cm

市场参考价：2万~4万元

三足铁锅形砚

朝代：南北朝

规格：不详

市场参考价：1万~1.5万元

第二章
精工细作——古砚的材质与造型

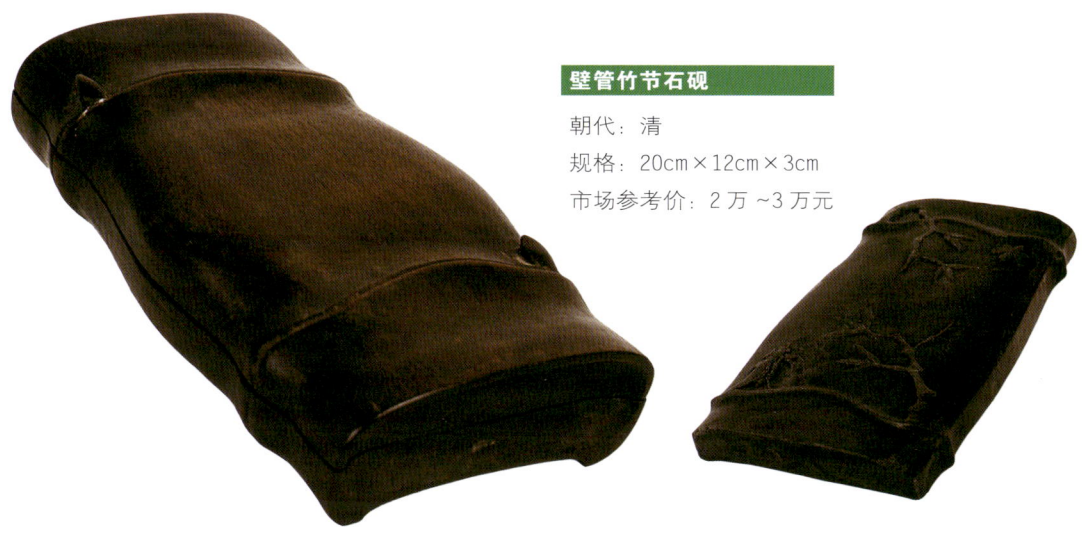

壁管竹节石砚

朝代：清

规格：20cm×12cm×3cm

市场参考价：2万~3万元

宋至明期间，许多新的砚石开始挖掘，如福州石（福建）、淄州石（山东）、蠖村石（江苏）、蛮溪石（湖南）、谷山石（湖南）、大沱石（湖北）、鼋矶岛石（山东）等。明末发现并开始开采的砚石还有老坑水岩。

卧牛砚

朝代：清

规格：24cm×18cm×4cm

市场参考价：2万~3万元

玉砚

　　玉砚是我国古代的知名砚台种类。它又分为许多小的种类,早期的玉砚使用古代的知名古玉制作而成,玉砚的制作具有深远的历史。西汉时期的刘歆在《西京杂记》当中也有记录:"汉制天子玉几……以酒为书滴,取其不冰,以玉为砚,亦取其不冰。"

　　洛阳地区曾经出土过西周时期的玉质调色器,这方砚台并不是严格意义上的古砚,但是可以说是砚台的雏形,就是用一种黑、白纹理的玉石雕琢而成,这也凸显了不俗的工艺水准。

玉砚

朝代:清
规格:不详
市场参考价:0.5万~1万元

第二章
精工细作——古砚的材质与造型

　　玉类砚材通常都有较高的硬度，本身不吸水，也不易损伤笔毫，但其滑不发墨，质地细腻、坚实，因此实用性并不高，而且多雕琢简单、造型质朴。使用玉制作的砚，因为玉材有很高的价值，同时也具备很高的观赏价值和收藏价值，因此玉砚通常都用来抻笔和炫耀身份。清代的宫廷非常推崇玉砚，玉砚的数量因此大量增加，但总体上来讲传世的玉砚并不多。

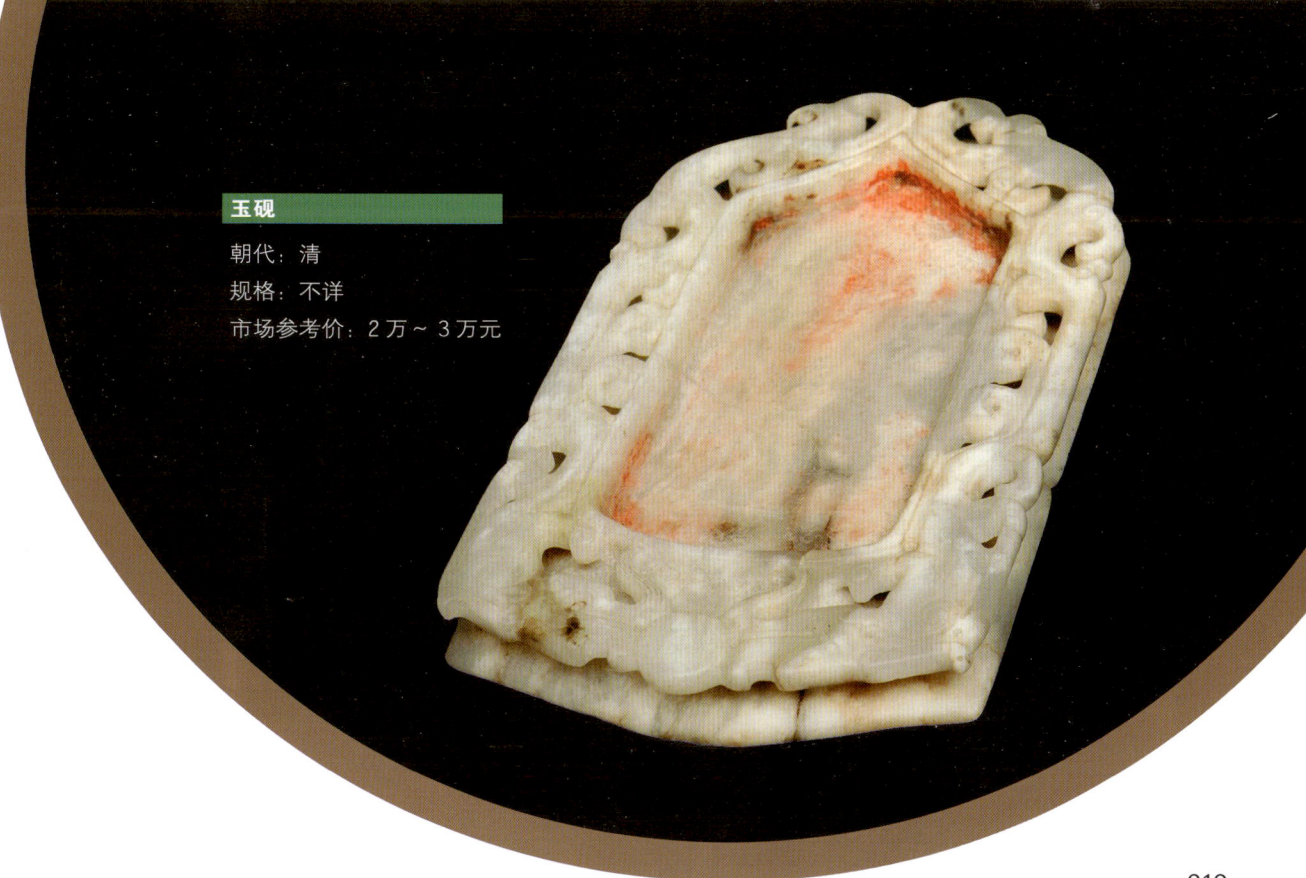

玉砚

朝代：清
规格：不详
市场参考价：2万～3万元

》瓷砚

瓷砚，即陶瓷砚，最早出现于三国时期。现在发现的南北朝时期的砚当中最常见的就是陶瓷砚。形状的种类有圆砚（多脚圆台上部还有环池）、三脚式、五脚式、六脚式、八脚式等。另外，还有一些形制为黑灰色的箕形陶瓷砚、长方砚（石、陶瓷）、四脚方砚（石）、铜盒石砚等。

十二峰陶砚是一种不常见的陶砚，这种砚在砚台上方雕刻有连绵状山峰。

隋唐时期的瓷砚在胎土上逐渐变为白色，有一些瓷砚上还带有灰釉、黄釉、青釉、绿釉、三彩釉。形状则主要为多脚连坐式圆砚。

十二峰陶砚

虎符砚

朝代：宋
规格：27cm×14cm×6cm
市场参考价：40万~45万元

虎符砚

朝代：宋
规格：24cm×16cm×7cm
市场参考价：40万~42万元

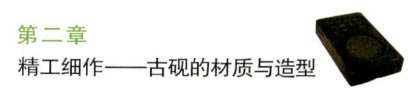
第二章
精工细作——古砚的材质与造型

荷叶铜砚

朝代：清

规格：15cm×14cm×3cm

市场参考价：3万~5万元

竹节形银砚

朝代：清

规格：17cm×11cm×2cm

市场参考价：1万~2万元

》金属砚

　　金属砚有金、银、铜、铁等材质，铜质砚台较多，铁质砚台次之。由于多为熔铸成型，大多较为粗糙，造型古朴。

　　由于金属砚质地坚硬，不发墨，因此很少有人使用，大多做砚体的装饰或砚盒。如用金属材质做成砚盒，先将吸水性较强的丝绵铺在盒底，然后倒入墨汁以供使用。或者在盒盖内镶嵌一块片状的砚台，用于研墨。由于金属材质的砚盒携带方便，还可以研墨，所以在古时也较为流行。

名砚收藏品鉴

提梁铁砚

朝代：清

规格：略

市场参考价：0.5万~1万元

方铜砚

朝代：近代

规格：19cm×19cm×4cm

市场参考价：0.5万~1万元

第二章
精工细作——古砚的材质与造型

》漆木砚

漆木砚，传统砚的一种类型。这种砚用木制作为胎，用细金刚砂调和色漆并且均匀地涂在外面，最终做成砚。这种砚有坚而不顽、细而不滑、入水不沉、坠地不损、发墨而不损毫、装饰精美的特点。

漆木砚流行于明清年间，直到现在仍可以发现少量传世的佳砚。

根据《桥西杂记》中的记录，漆木砚在宋代时制法就失传了。不过清代的扬州漆砂艺人卢葵生对这种砚进行了仿制，并取得了成功。至清晚期，其制法再度失传。1987年，漆木砚重见天日。

除漆木砚和砚盒外，这种制作的技法广泛应用在臂搁、漆壶、花盆、花架、案头陈设等地方。

紫檀红木盒砚

朝代：清

规格：9cm×6cm×5cm

市场参考价：2万~4万元

名砚收藏品鉴

古砚的造型

砚有许多不同的形制，这给书房增添了很多情趣。砚台按造型来分主要有几何形砚、动物形砚、植物形砚、箕形砚、抄手砚、圈足砚、随形砚、暖砚等。

铲形端砚

朝代：明

规格：36cm×31cm×5cm

市场参考价：4万~6万元

瓦形砚

朝代：汉

规格：31cm×21cm×5cm

市场参考价：1.5万~3万元

第二章
精工细作——古砚的材质与造型

几何形砚通常是圆形、椭圆形、长方形、方形、八角形等规则形状的砚台，最常见的是方形砚和长方形砚。

动物形砚则是用动物的形象作为形制，题材通常是神兽，另外还有使用现实中的动物为题材的，如牛形砚、鹅形砚、鱼形砚等。

植物形砚则是利用某些植物的形状制作的砚。

淌池砚

朝代：清
规格：32cm×19cm×4cm
市场参考价：1.5万~2万元

虎伏砚

朝代：汉
规格：16cm×11cm×5cm
市场参考价：2万~3万元

 **名砚收藏品鉴**

天下第一抄手砚
朝代：宋
规格：45cm×25cm×8cm
市场参考价：3万~5万元

箕形砚，顾名思义，其形状类似簸箕，砚底一端落地，一端由砚足撑起，砚面倾斜，利于聚墨。箕形砚主要出现在唐代。

抄手砚则是从箕形砚逐渐演化过来的，砚面一端低，一端高，底面很空，可以用手抄起砚台，故而得名。抄手砚较轻便，最早出现在五代时期，盛行于宋代。

圈足砚的砚面为圆形，利用多脚围绕的砚足进行支撑。砚足的形状多样，像兽蹄、兽首都有出现。圈足砚流行于唐代之前，目的是适应当时在矮桌上书写的习惯。

随形砚按照材质的形状不同而进行制作，不在乎砚的轮廓外形，但也需要按照砚材的纹理进行制作、雕琢。随形砚整体造型独特而活泼，流行甚广，最常见的是随形扁砚，这种砚的造型非常多变。

箕形牛砚
朝代：明
规格：28cm×25cm×3cm
市场参考价：2万~3万元

第二章
精工细作——古砚的材质与造型

》几何形

几何造型包括圆形、椭圆形、长方形、方形、八角形等，几何形的砚在造型上采用几何形。下面我们对几种几何形传统砚式进行一番详细的介绍。

洗象砚

朝代：宋
规格：19cm×17cm×5cm
市场参考价：1万~2万元

名砚收藏品鉴

1. 辟雍砚

古代瓷砚多使用这种造型。隋唐时期的多足砚是辟雍砚的雏形。"辟雍"还写作"璧雍",原来是指西周天子建立的大学,校址为圆形,围以池水,大学南门之外有桥。瓷砚模仿这种建筑的形式创造而成,还使用了原来的名字,寓"文教"之意。蔡邕《明堂月令论》当中提到:辟雍之名,意思为"取四面周水,圜如璧"。

辟雍砚盛行于南朝至唐宋时期,整体造型为圆形,砚台的中间部分有凸起,砚台边缘是垂直的壁,高于砚面,更适合储存石墨和水,下设多足圈座。砚的砚堂也是圆形,表面不挂釉。尺寸大的辟雍砚在一尺左右,小的则刚超过一寸,使用青釉和白釉的情况都有。早期的辟雍砚通常以青瓷、青黄釉、酱褐釉为主。到了唐代,逐渐演变为黄釉圈足砚或圈足镂孔砚。这种砚瓷胎坚滑、下墨不利,随后慢慢没落,但是辟雍砚对石雕砚、泥雕砚的发展影响是很明显的。

辟雍砚

朝代:清
规格:不详
市场参考价:2.5万~3.5万元

第二章
精工细作——古砚的材质与造型

抄手砚
朝代：宋
规格：28cm×18cm×6cm
市场参考价：1.5万~2万元

2. 抄手砚

抄手砚是我国古代非常多见的砚台造型，通常为长方形。砚面有前低后高的特点，后方的底部做成掏空的设计，利于插手移动，并因此得名。这种砚还被称为"插手砚""手抄砚"。

抄手砚的雏形是唐代的箕形砚。抄手砚最早起源于五代十国时期，宋代时这种砚非常流行，成为当时砚的典型砚式。

太史砚也属于抄手砚的一种，这种砚体积很大，四壁明显变高，整体造型比较严肃和端庄，四平八稳，亦为典型的宋代砚式。

抄手砚
朝代：宋
规格：31cm×20cm×7cm
市场参考价：1.5万~2万元

君子抄手砚
朝代：明
规格：28cm×21cm×10cm
市场参考价：3万~5万元

名砚收藏品鉴

3. 板砚

板砚是我国石砚的一种传统造型,又名砚板、砚砖,是明代的常见砚式。这种砚的造型很像如今的板砖,较薄。砚的表面做工精细,打磨平整,多光素无纹,非常利于凸显石品的优美和细腻。这种砚多使用高档砚材制成,也兼有一定的实用功能。

板砚

朝代:清
规格:不详
市场参考价:1万~2万元

第二章
精工细作——古砚的材质与造型

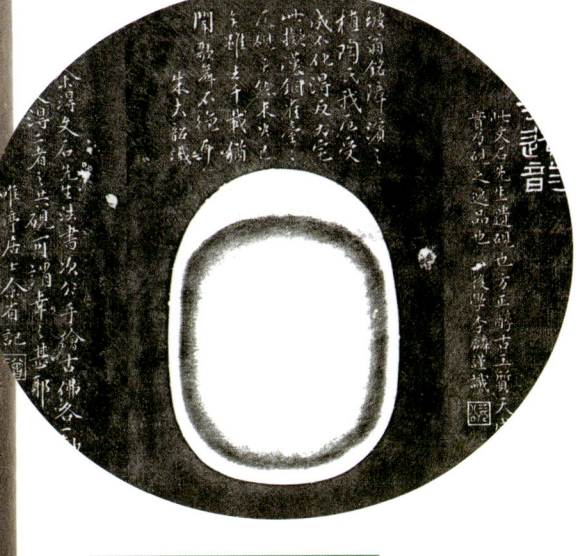

瓦形淌池砚

朝代：明

规格：不详

市场参考价：3.5万~5万元

4. 淌池砚

淌池砚是传统石砚造型的一种。这种造型是砚的流行造型，最常见的形制是长方形。淌池砚的砚堂平而略高，墨池的外观狭长而幽深，砚的中间有凸起的池头连在一起。淌池砚中最少见的材质为瓷质，但偶尔可以发现玉质的砚。

名砚收藏品鉴

5.暖砚

暖砚出现的原因是严冬季节砚堂容易结冰，不利于使用。

暖砚的形制分为两种：一种是在砚堂的下面凿出腹腔，每当冬季时便可以用热水加热，从而保证砚面的温度；另外一种是在砚面的下面设置空腔，随后使用金属做成砚匣，使用炭火进行加热，并确保温度的恒定。当时的暖砚金属匣多为屉形，做工非常巧妙。

明清时期是暖砚最盛行的时期。砚面或砚体通常使用歙石、端石或松花江石制作而成。

长方渠砚

朝代：明
规格：23cm×13cm×8cm
市场参考价：2万~3万元

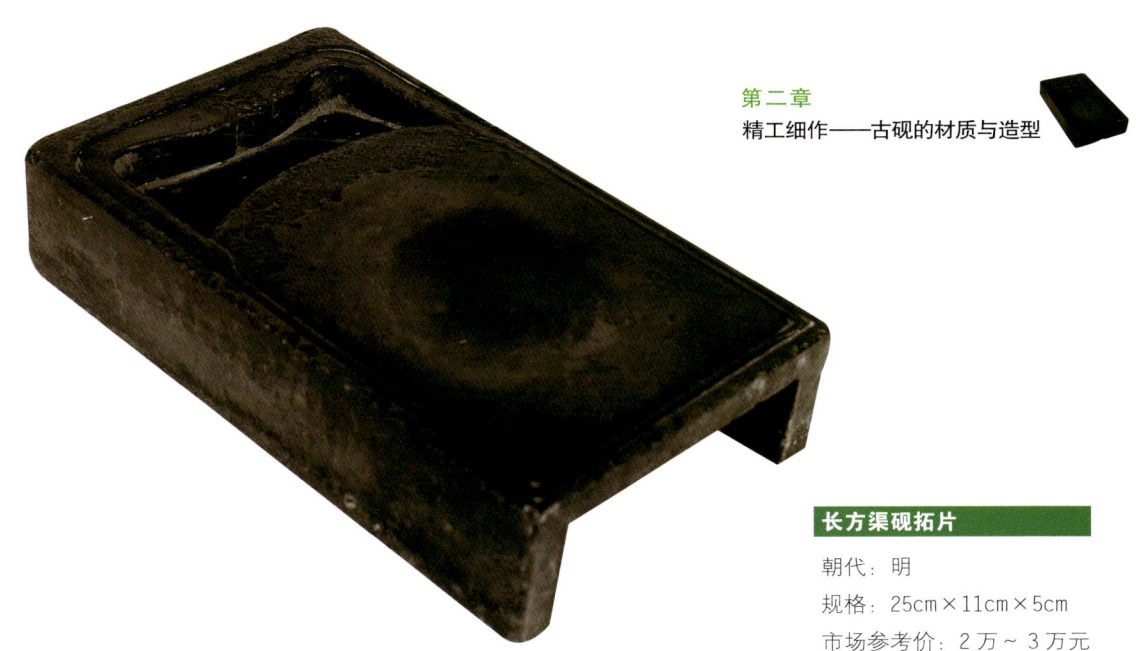

第二章
精工细作——古砚的材质与造型

长方渠砚拓片
朝代：明
规格：25cm×11cm×5cm
市场参考价：2万～3万元

6. 八棱砚

这种砚的基本形制是等边的八棱柱，整体高低不一，八个侧面上还常雕刻着纹饰图案、诗词佳句等。

在上述介绍的砚台类型之外，还有椭圆形、三角形、梯形等几何形状的砚形。

八棱砚
朝代：清
规格：13.6cm×13cm×3.4cm
市场参考价：3万～6万元

名砚收藏品鉴

》仿物形

这种砚的外形取材于生活当中一些常见的器物。如瓶形砚类似瓷器中的咀瓶、天球瓶等形式；箕形砚的外形类似农家中常见的簸箕；几形砚的造型非常像传统家具当中的几案；钟形砚类似古代寺庙常见的大钟。除了这些造型的砚以外，常见的仿物形砚的造型还包括斧钺造型的斧形砚，形如青铜礼器的鼎形砚，类似官员纪事上朝手持朝板（又名圭或笏）的圭形砚，另外还有石鼓形砚、井形砚、提梁形砚、瓦形砚、琴形砚、凤池形砚等，样式非常繁杂。

书卷端砚

朝代：清

规格：19cm×11.7cm×2.2cm

市场参考价：4万～6万元

这些砚有一些基本的实用功能，另外还可以集中反映出古人，尤其是文人士大夫的一些思想和志趣。如圭形砚也是借用了"圭"本身带有的上朝言事的功能来表达他们的追求。

日月残池端砚

朝代：清

规格：24.5cm×16cm×4cm

市场参考价：3万～5万元

第二章
精工细作——古砚的材质与造型

松石楼阁紫端砚

朝代：清

规格：29cm×23cm×4cm

市场参考价：8万～10万元

箕形砚始于晋代，到了唐代就很流行了。它也是我国古代的几种基本砚台形式之一。箕形砚的雏形是凤字砚，这种砚的造型很像日常生活中使用的簸箕，其首尾两端翘起，砚尾平而阔，砚首较窄，砚的外观为圆形或者方形。箕形砚通常为砚首着地，砚尾有足进行支撑，足的类型则有单足、双足、梯足之别，和砚首着地处形成三角形受力面，因此这种砚很稳固。

钟鼎大砚

朝代：清

规格：31cm×19cm×5cm

市场参考价：1.5万～2万元

名砚收藏品鉴

仿物形砚的发展轨迹基本遵循了事物从简单到复杂的一个过程。清代的许多仿物形砚在雕琢上都是很细腻的。砚上通常都有一些诗赋图案，如在砚上赋诗作画、填字题词等，这都可以让普通的砚增添许多诗情画意，彰显出秀丽、清素的文人气息。

蓬莱绿端砚

朝代：宋
规格：27cm×21cm×8cm
市场参考价：10万~15万元

第二章
精工细作——古砚的材质与造型

》随形

这种砚形非常常见。通常艺人对于石材的轮廓外形并不挑剔，一般艺人会利用石材的自然形状以及石料的纹理，对未加雕刻的石材因材施艺，进行刨作和雕琢。

随形砚的砚式最早出现在唐宋年间，这种砚得到了文人雅士的推崇，砚的形式变化多样，曾经有一部分匠人只是简单雕刻一下砚材的石形，甚至将石材打磨出砚堂后便出售，这是随形砚最早的情况。这种"大璞无纹"的随形砚在一定程度上迎合了文人清高和自命不凡的心态及审美心理。自此以后，随形砚逐渐被民众所接受，随后又发展至因材施艺，这都让随形砚变成了奇巧而富有灵气特色的砚式。

淌池砚
朝代：清
规格：23cm×16cm×4cm
市场参考价：3万~4万元

名砚收藏品鉴

明清时期的随形砚出现了百花争艳的局面,一直到新中国成立后都非常流行。

随形砚集合了艺术和实用的特点,是一种非常特别的石雕艺术品,随形砚还使用了玉器工艺当中"俏色"的雕琢手法,使用的雕刻技法包括线雕、浮雕、镂雕等,这对于传统文化是一种构思和创造,最终的追求就是达到出神入化的境界。

随形歙砚

朝代:清

规格:20cm×16cm×9cm

市场参考价:1万~1.5万元

随形砚广泛流行于端、歙、鲁等砚种之中。

自然形砚一直都是古代的传统砚式之一。相比于随形砚,大多只是稍作加工即可,以体现砚石自然之美。

随形歙砚

朝代:明

规格:19cm×13cm×3cm

市场参考价:2万~3万元

第二章
精工细作——古砚的材质与造型

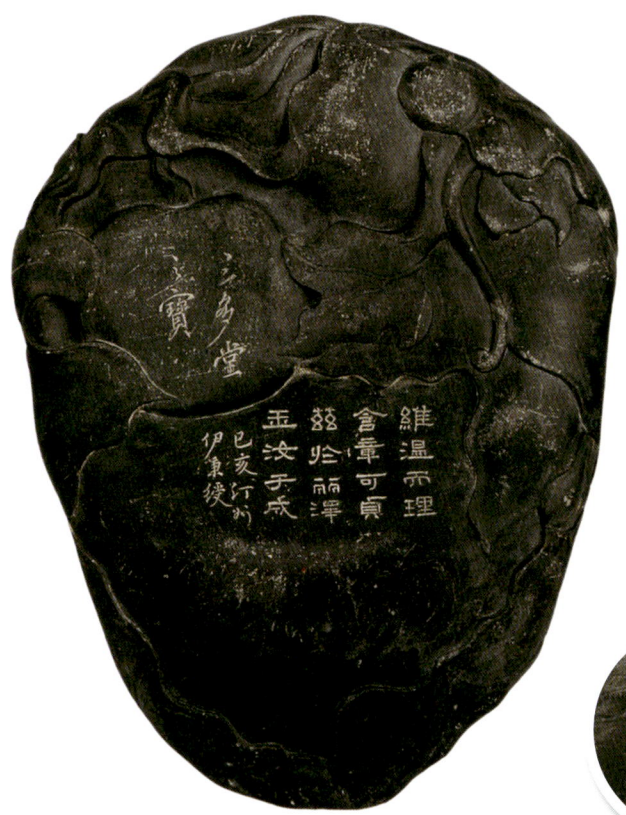

叶形端砚

朝代：明

规格：24cm×18cm×3cm

市场参考价：4.5万~5.5万元

》仿生形

  砚的材料包括石、玉、澄泥、金属等，最多的是石砚，较常见的砚包括牛形砚、鱼形砚、鹅形砚、兽形砚、蝉形砚、荷叶砚、瓜形砚等。仿生砚最早出现在汉代，作品包括东汉时期鎏金镶嵌的兽形铜砚。仿生砚最初的制作造型都只是表露出动植物的某些特征，或者是使用线刻勾勒出轮廓象形，这种图案其实只是简单装饰。随后人们增加了图案，用来寄托吉祥、辟邪或劝学修身的特殊含义，这种以仿生作为砚体艺术创作的倾向最早出现在北宋时期。如苏轼的鹅形砚、荷鱼砚就很典型。

名砚收藏品鉴

1. 竹节砚

竹节砚是一种传统的石砚造型。它又可分为两种类型：一是纵切式，也就是把砚材雕琢成一段纵向劈开的竹节形，依据弧面的造型进行砚堂、墨池的设计；二是横截式，也就是把砚材雕琢成竹竿的一段横切面，通常都有竹节，一般情况下较粗的部分制作为砚堂，细的部分制作为墨池。琢制精细的竹节砚，造型极其逼真，另外还有自然的美好情趣。

卧牛紫端砚

朝代：清
规格：23cm×14.5cm×5cm
市场参考价：4万~6万元

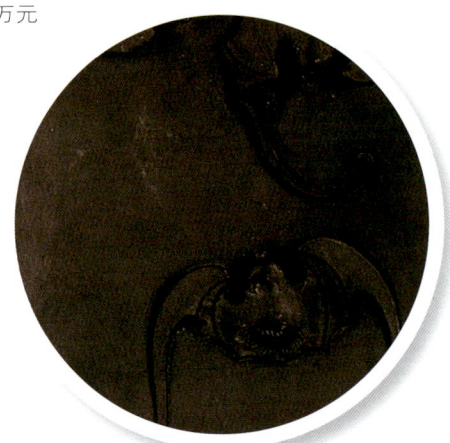

卧牛大砚

朝代：清
规格：33cm×21cm×12cm
市场参考价：3万~4万元

第二章
精工细作——古砚的材质与造型

天下第一蝉砚

朝代：宋

规格：39cm×26cm×8cm

市场参考价：8万~10万元

2. 蝉形砚

蝉形砚是石砚的一种传统造型。通常将砚体雕琢成蝉的造型，一般蝉首就是砚首，蝉腹便是砚堂，砚首两侧雕刻有蝉眼。

3. 云龙砚

云龙砚是石砚的传统造型之一，常见的砚体图案为龙和云纹。龙是神话传说中的瑞兽，龙的造型其实是牛、鱼、鹰、鹿诸动物形象的融合体，云龙砚因此也划分到这一类。根据传世及出土的古砚实物得知，宋代时出现了最早的云龙砚。

云龙砚

朝代：清

规格：不详

市场参考价：1.5万~2万元

041

名砚收藏品鉴

方桌陶砚

朝代：汉
规格：15cm×15cm×8cm
市场参考价：1万~1.5万元

第三章 各领风骚——古砚的流派与种类

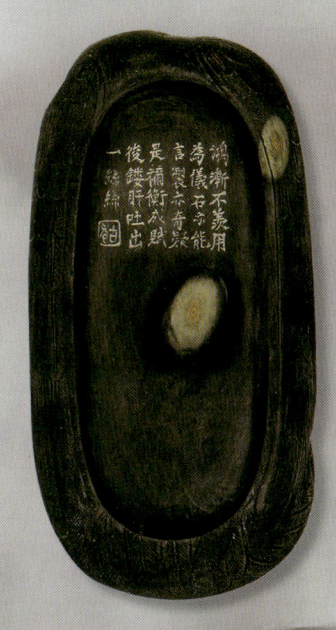

名砚收藏品鉴

古砚的流派

不同的砚有不同的风格，这些风格体现在作品的内容和形式所直观表现出来的共同艺术特征。砚台的雕刻风格通常都综合了材质特点、造型设计、题材内容、表现手法等许多方面的内容，这些方面都综合体现了砚材的个性和雕琢的艺术追求。不同的制砚艺人在生活阅历、思想性格、审美趣味、文化修养等许多方面都是因人而异，所以也就表现出了不同的艺术风格。砚的风格同样也和使用者的偏好有关系，不同的砚都带有浓烈的个人色彩并逐步演化成了明显的地域风格或流派风格。

日月大抄手砚

朝代：元

规格：38cm×21cm×8cm

市场参考价：1.5万～2万元

兰亭砚

朝代：宋

规格：25cm×16cm×8cm

市场参考价：2.5万～3万元

第三章
各领风骚——古砚的流派与种类

钟式砚

朝代：明

规格：49cm×29cm×5cm

市场参考价：2万~2.5万元

综合来说，明末清初时期是砚雕艺术的巅峰时期，众多砚材被发现和广泛发掘，丰富的石品同样为砚雕艺术的创作拓展了更大的范畴，砚雕业因此人才辈出，砚雕工艺涌现出了许多地方风格和流派，砚雕艺术进入了历史上最繁盛的时期。

虎伏砚

朝代：元

规格：29cm×17cm×7cm

市场参考价：1.5万~2万元

名砚收藏品鉴

三熊腿圆形砚

朝代：清
规格：26cm×5cm×4cm
市场参考价：0.5万~1万元

第三章
各领风骚——古砚的流派与种类

蝉牛砚

朝代：元

规格：25cm×14cm×8cm

市场参考价：1.5万~2万元

》安徽派

古代歙州（今属江西）出产的歙石砚雕是徽派的代表。歙石的结构为片页状板岩，石料的侧面硬度比较高，故而于四侧进行雕饰的难度较大。歙砚的砚雕一般都集中于砚体的正、背面。最早在唐宋时期，歙砚当中更常见"素砚"。

徽派的砚因为有制作石料因素的影响，雕刻的艺术形式主要包括浮雕、浅浮雕等，还是以阴刻为主，如高浮雕、镂空雕以及圆雕，虽然立体感强，可是都不适合。但在当代，随着先进工具的产生与应用，局部使用镂空雕手法进行装饰的例子也有出现。

虎砚

朝代：元

规格：28cm×17cm×8cm

市场参考价：3万~5万元

徽派砚雕具有多样的纹饰，最常见的有对称式、连续式、独立式和组合式等，使用的纹饰图案包括龙凤纹、几何纹、回纹、"卐"字纹以及连珠纹、缠枝纹等，另外还有一些纯粹的仿物作品，如古钟砚、鼎形砚等。

仿古暖砚

朝代：明
规格：31cm×21cm×12cm
市场参考价：2万~3万元

为了防止使用、赏玩、清洗砚台的时候伤手，根据歙石的结构特性，徽派歙砚的砚雕通常都雕刻不深，刀法讲究"圆润"，一方面能够突出歙石的纹理特色，另一方面还需要体现砚雕艺术本身内容丰富、层次分明、构图完整的特点。两者相得益彰，显得十分协调。

 **名砚收藏品鉴**

徽派砚雕的风格非常鲜明，歙砚造型大方，风格简单明快。在其石质以及徽派地方文化，如徽歙地区木雕、砖雕、石雕艺术综合影响之下，徽派砚雕艺术有了"精细秀逸"的特点。

明清时期的歙派砚雕艺人代表是叶瑰、汪复庆等。

如意伏虎砚

朝代：明
规格：30cm×19cm×8cm
市场参考价：2万～3万元

第三章
各领风骚——古砚的流派与种类

金蟾砚

朝代：元
规格：22cm×15cm×6cm
市场参考价：3万~5万元

仿建安钟形砚

朝代：元
规格：33cm×21cm×7cm
市场参考价：2万~3万元

》广东派

　　广东肇庆出产的端石砚雕是广东派的代表作品，还被称为"广作"。端石砚雕从明代开始，艺术特点为细刻、线刻和浅浮雕，另外有一些小部分的深雕，雕刻得形象生动，而且具有繁复的变化。景物的题材通常是花鸟、鱼虫、走兽、山水、人物，此外还有一些装饰性的纹饰，如龙凤纹和其他一些装饰性的回纹、连环纹等。

　　端砚的砚雕艺术深受文人雅士的影响，更加侧重雕刻工艺，雕工偏重细刻和线刻，雕刻的时候要穿插浅刀进行刻画，其线条精准、细腻、轻快而婉转流畅，这种艺术具有明显的民族特点。这种雕刻艺术更强调雕工的精美和细腻，清代粤派砚雕艺术的特点是有浓重的"匠气"，整体不够灵动，作品从题材、立意、构图到砚形、砚式，都以仿古为主，较少创新。那些繁花似锦的雕琢看似富丽，可是观察日久，人们肯定也会有审美疲劳和修饰过度的感觉。

 **名砚收藏品鉴**

太史高砚

朝代：宋

规格：28cm×16cm×11cm

市场参考价：3万~4万元

》**海派**

海派是民国时期以陈端友为代表人物的上海地区的砚雕艺术流派。

太平有象砚

朝代：明

规格：27cm×17cm×6cm

市场参考价：2万~3万元

第三章
各领风骚——古砚的流派与种类

牧牛砚

朝代：宋
规格：28cm×14cm×5cm
市场参考价：2.5万~4万元

　　陈端友制作的砚都是以写形为主，因为追求艺术水准，所以数年乃成一砚，成品的精雕细刻程度令人叹服不已。

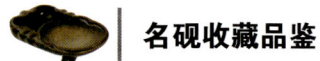

名砚收藏品鉴

陈端友雕刻的古泉砚具有非常鲜明的特色。砚形就是成堆的铜钱，中间部分设计成砚堂，四周泉币一如出土实物，层层堆叠，且锈损残缺，令人如睹真钱，拍案叫绝。

如意砚

朝代：明

规格：25cm×15cm×5cm

市场参考价：2万~2.5万元

》吴门派

吴门派又称为苏派。代表人物是苏州地区的顾氏四代琢砚艺人。最突出的代表人物是清初吴门著名制砚名家顾二娘，如果追溯家谱，则有其祖父顾道人、公公顾圣之、丈夫顾启明、侄（一说子）顾公望等人物。顾家四代均制砚，顾二娘又名顾青娘、顾小脚，吴门（今江苏苏州）人，原姓邹，生卒年不详，当时住于苏州的专诸巷中。

仿古风字暖砚

朝代：明
规格：35cm×25cm×10cm
市场参考价：1.5万~2.5万元

抄手蝉形砚

朝代：宋
规格：26cm×26cm×6cm
市场参考价：8万~10万元

 **名砚收藏品鉴**

龙龟砚

朝代：明

规格：25cm×15cm×8cm

市场参考价：1.5万~2万元

风字足砚

朝代：宋

规格：20cm×16cm×3cm

市场参考价：1.5万~2万元

　　苏派砚雕艺术的出现要归功于天时、地利、人和等因素。当时的有利条件包括四个方面：一、明清时期，吴门（苏州）地区书画、玉雕、牙雕、砖雕等许多美术工艺都很发达，各造型雕刻艺术互相影响和渗透，给吴门砚雕艺术的生存和发展增加了更大的空间和余地，也对顾二娘砚雕艺术的成长起到相当大的作用；二、明清时期，"吴门画派""松江画派"的艺术特征是平淡、静雅，必然影响砚雕的创作；三、砚雕也受到了金陵和嘉定竹刻"刀不苟下，兴到方始创作"的影响；四、因为顾家世代从事砚雕，每日受到家风的艺术熏陶，所以，画面内涵深刻，追求精致的刀法，浅刻和深雕的层次都很清晰。

第三章
各领风骚——古砚的流派与种类

》文人派

文人派砚雕，顾名思义，就是文人自己操刀雕刻并最终做成的砚，或是文人对雕刻的砚进行设计指导最终做成的砚。文人砚的制砚者本身就有非常高的学识、涵养以及出众的品德和修为。

素砚

朝代：明

规格：21cm×13cm×6cm

市场参考价：1.5万～2万元

如意大砚

朝代：明

规格：33cm×20cm×9cm

市场参考价：2.5万～3万元

057

名砚收藏品鉴

素砚

朝代：明
规格：20cm×15cm×5cm
市场参考价：1.5万~2万元

素砚铭文拓片

文人砚的鲜明特征是强烈的艺术性与文化性。很多方面还能体现出制砚时的构思理念，精湛的技巧和独特的审美融合到一起，积淀着华夏子孙在天文地理、自然社会、人类情感、思维方式、价值观念和审美理念等深层领域的意识形态。文人砚追求的是虚静、恬淡，有艺术的风格和高尚的情操。

文人砚做工的复杂和简单的程度是适中的，形神兼备，繁而不琐，精细而不柔弱。

通常来说，题材的选择要把握意境等很多因素，而且要着重注意"意""善""简"的共同审美倾向。有一些砚"得石不加斧凿"，取其自然，粗中见细，古朴见真，天风浪浪，海山苍苍，一派生机，萧散优游。

第三章
各领风骚——古砚的流派与种类

古砚的种类

》漆砚

漆砚是在砚的胎上裹上麻布及丝织品,并在上面涂抹一层漆灰,然后进行干燥和打磨,之后涂朱漆。这种砚台轻便,坚固,耐用。

》瓦头砚

瓦头砚又被称为秦砖汉瓦砚,也就是利用秦砖汉瓦制成的砚台。

》青州紫金石砚

紫金石砚的石料纯紫,色润细腻,发墨效果类似端歙,曾被誉为宋代的名砚之首。

 **名砚收藏品鉴**

》松花石砚

松花石砚又被称为松花砚，和端砚、歙砚、红丝砚齐名，是我国古代的著名石砚。松花石砚利用松花石作为原料制作而成，松花石还被称为松花玉，产地为中国东北长白山区。

》博山淄石砚

这种砚产地为山东博山。有缤纷的石砚色泽，绚丽多彩，肌理润滑，易于发墨，被视为上品石砚。

孔雀砚

朝代：清
规格：17cm×5cm×4cm
市场参考价：2万~3万元

第三章
各领风骚——古砚的流派与种类

》青州金星石砚

这种砚产地为临沂,还被称为羲之砚。石料墨黑得像漆一样,温润如玉,有遍布的金星,质地滴水不涸,叩之有声,涩不留笔,是制砚上品。

》灵璧砚

这种砚产地为安徽灵璧县。砚石出产在古泗水当中,这种石料经受了千万年来的水击浪冲,因而具有了自然的纹理,不但有玲珑小巧的特点,还有多变的形状。

簸纹砚

朝代:宋
规格:31cm×18cm×6cm
市场参考价:4万~5万元

太史砚

朝代:明
规格:28cm×17cm×11cm
市场参考价:2万~3万元

名砚收藏品鉴

》易水砚

　　易水砚产地为河北易州（今易县），首现于战国，盛于唐宋。据史料记载，早在唐代时，易州的奚超父子就使用了祖敏的松烟制墨技术，并在易水终南山津水峪创制了"易水砚"。五代时期，奚超之子奚廷珪被南唐皇帝封为"墨官"，并赐姓李，由易州迁居歙中，奚廷珪因此成了"徽墨""歙砚"的开山祖。易水砚使用的石料名为"紫翠石""玉带石"，这些石料是紫灰色的水成岩，石料外面有天然的黄色和碧色斑纹，石料的质地非常细腻和致密，硬度适中，发墨快，不伤毫，墨汁润滑流畅，而且不容易干涸，具备了发墨、储墨、润笔、励毫制砚所必备的四大优良特性。

　　另外，还有菊花石砚、角石砚、乌金砚、灵岩石砚、开化石砚、黎溪石砚、沉州石砚等。

圭形砚
朝代：宋
规格：29cm×19cm×5cm
市场参考价：1.5万~2万元

第四章

驰名神州——中国四大名砚

名砚收藏品鉴

皖之歙砚

》歙砚简介

歙砚产地为歙州婺源县（今江西婺源县）的龙尾山，因此又名为龙尾砚。最早出现在唐代，南唐曾经在其产地设置砚务官，督促开采砚石。歙砚颜色青翠，石理缜密，润泽似玉，磨墨无声。纹理自然而且带有青黑和金星的石料是上品。

如意纹歙砚

朝代：清

规格：25cm×12cm×4cm

市场参考价：3万~3.5万元

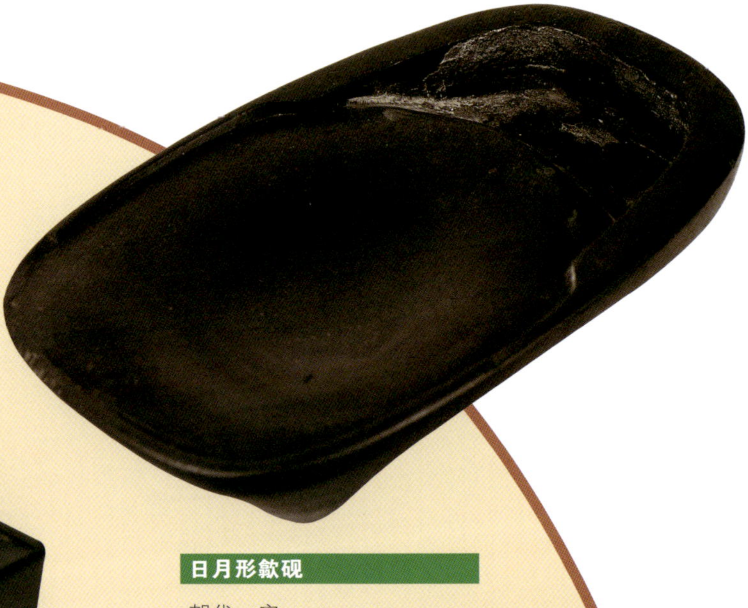

日月形歙砚

朝代：宋

规格：17cm×11cm×3cm

市场参考价：2.5万~3万元

蟾蜍母子歙石砚

朝代：元

规格：20cm×13cm×8cm

市场参考价：6万~7万元

　　歙砚的纹路非常出众，种类主要有罗纹类、眉子类、眉纹类及金星、银星、金（银）晕类。金星指的是石料中有金色斑点如星斗布于天幕。金星的大小不一，不同的石料如豆、如蚕蚁、如鱼子等都有分别，金星的种类包括金钱金星、雨点金星、鱼子金星、葵花金星、云雾金星、暴雨金星等。另外，金（银）晕是金（银）色如流云、片云者，常常用象形的办法来命名。罗纹就是因为外观的色泽类似罗绮而命名，罗纹的类型包括粗罗纹、细罗纹、刷丝罗纹，如果石料有犀角纹、鳅背纹和暗细罗纹，那就非常名贵了。眉子是罗纹的变异，石纹很像新月一样的眉毛，因而被称为眉子，种类包括长眉、短眉、阔眉、对眉等，其中对眉是非常珍贵的种类。对眉形体较小，大多横而不曲，两端略细，似人的双眉，成双成对。

 ## 名砚收藏品鉴

宋代赵希鹄在其所著的《洞天清禄集》中这样描述歙砚:"细腻如玉,发墨如汎油,磨墨无声,久用不损笔毫。"使用歙砚磨墨,墨色非常莹润柔亮,难怪自唐宋以来的文人墨客,都非常自豪自己能拥有一方歙砚。

犀牛歙砚

朝代:明

规格:14cm×12cm×3.5cm

市场参考价:6万~7万元

龟形陶砚

朝代:汉

规格:18cm×12cm×5cm

市场参考价:2万~3万元

第四章
驰名神州——中国四大名砚

二龙戏珠歙观

朝代：清

规格：30cm×21cm×4cm

市场参考价：3万~5万元

》歙砚的发展历史

一般认为，歙砚创制于唐开元年间。唐代时与端砚齐名的砚有"龙尾砚石"，这种砚的产地位于江西婺源县的龙尾山，婺源县从唐武德元年至北宋宣和三年都归歙州管辖，因此龙尾砚又名歙砚。

龟龙歙砚

朝代：明

规格：24cm×13cm×5cm

市场参考价：7万~7.5万元

名砚收藏品鉴

歙砚具有石质坚韧（平均硬度超过端砚0.5度）、湿润莹洁等特点，这都是端砚所不具备的。唐时歙砚当中最著名的无疑是龙尾砚、金星砚。龙尾砚为歙砚之上品，砚石主要出产自水溪中，石料致密而且湿润，叩之如玉振，声音清越，一般颜色有苍黑、青碧等。

金星砚石上的金星点很像谷粒，在砚石当中松散分布着，整体看来很像秋夜的苍穹。这种星点经久耐磨，摩擦后还会变亮，给人以无限的情趣。用这种石料制作的砚一直都是贡品。

歙砚在唐代时还有其他类型的砚，如宣城出产的宣城石砚等。

门字形歙砚
朝代：元
规格：25cm×16cm×4cm
市场参考价：3万~4万元

钟式歙砚
朝代：明
规格：26cm×16cm×3cm
市场参考价：3万~5万元

第四章
驰名神州——中国四大名砚

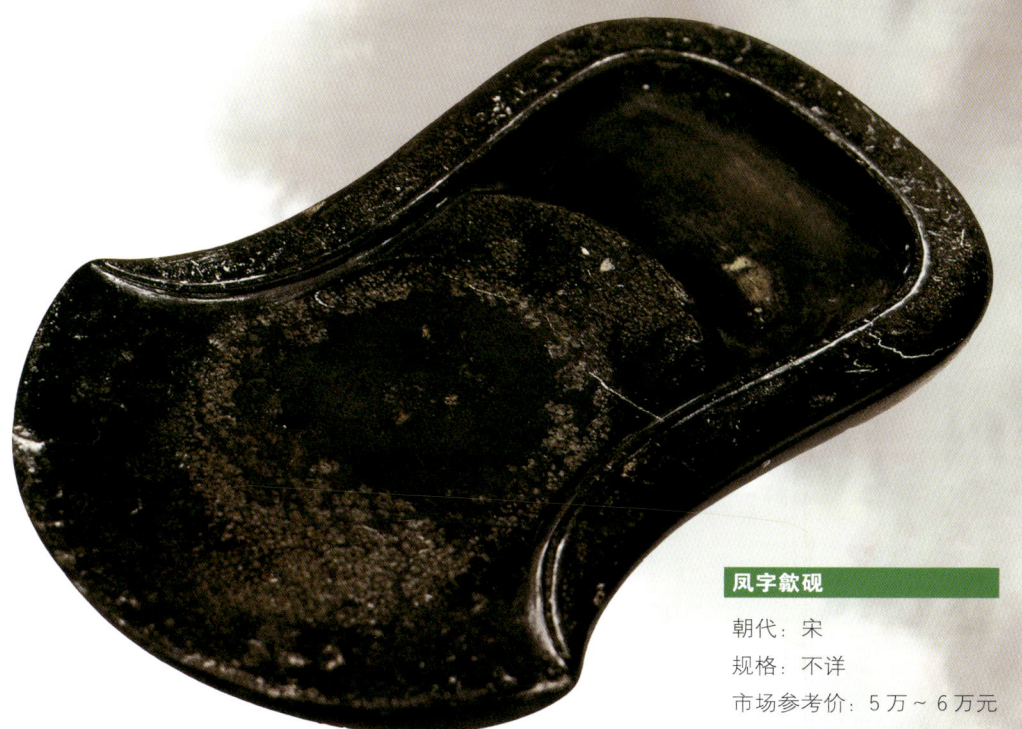

凤字歙砚

朝代：宋

规格：不详

市场参考价：5万～6万元

宋代时歙砚的制作技术比唐代时有了明显的进步。据说当时的婺源县龙尾山下的砚山村，每家每户都有人制砚，景象相当兴盛。宋代时面世的名品也非常之多，历史上曾有人按其花纹把歙砚分为"金星砚""罗纹砚""龙尾砚""蛾眉砚"等。宋代许多著名的文人雅士、书画家都不吝笔墨对歙砚大加赞美。

名砚收藏品鉴

因为龙尾砚和金星砚在宋代时具有极高的声誉,宋哲宗元祐年间,龙尾砚被列为贡品。金星砚可以和被视为群砚之首的端砚相提并论。黄庭坚在《砚山行》中曾说:"日辉灿烂飞金星,碧云色夺端州紫。"

罗纹砚出产于罗纹里山坑等处,品位相比上面两种砚要差一些。这种砚带有美丽的粗细罗纹。

眉子砚就是使用带有美人蛾眉纹理的砚石制作的砚,也称眉纹砚。砚的形状包括雁湖眉子、对眉子、锦蹙眉子、长眉子、短眉子等。

天禄歙砚

朝代:清
规格:25cm×12cm×3cm
市场参考价:4万~6万元

第四章
驰名神州——中国四大名砚

日月形歙砚

朝代：不详
规格：23cm×17cm×3cm
市场参考价：4万~5万元

圆形龙歙砚

朝代：清
规格：25cm×16cm×3cm
市场参考价：3万~4万元

名砚收藏品鉴

宋代的歙砚，除匠人精工制作外，书画文人也开始参与设计和制作，而且涌现了许多良砚。传说宋代的抄手砚就是苏轼首创的。

宋代论述歙砚的著作也非常之多。唐积在《歙州砚谱》中详细论述了歙砚的采集、石坑、攻取、品目、修断、名状、石病、道路、匠手、攻器等内容。曹继善在《歙砚说》中也曾记录了歙砚石的采制、石品种类及制砚的风格特征，内容颇为详尽。洪景伯的《歙砚谱》和米芾的《砚史》当中对歙砚都有详细的描述。《辨歙石说》也是当时研究歙砚的著作。

鱼化龙歙砚

朝代：明
规格：23cm×19cm×4cm
市场参考价：6万～8万元

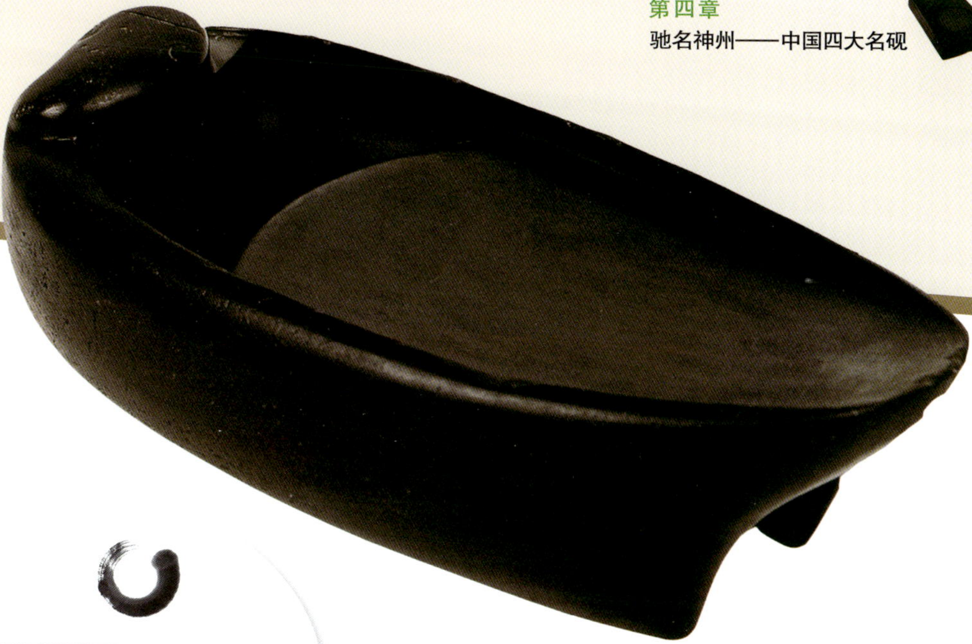

第四章
驰名神州——中国四大名砚

鹅形歙砚

朝代：元

规格：20cm×10cm×5cm

市场参考价：5万～6万元

到了南宋末年和元初，因为过快和过度采石，导致砚坑塌陷，后来遭遇战乱，歙石便长期得不到开采了。之后经历整个明代，甚至清初康雍时期，歙石的发展都处于停滞状态，前后长达500年的时间。当时，歙砚的生产萧条，很多砚的制作都是选择宋代遗留下的矿石进行，砚的生产只能是勉强维持，从而与端砚在明、清两代的迅速发展形成极大的反差。

鱼化龙歙石砚

朝代：清

规格：30cm×20cm×1.5cm

市场参考价：5万～7万元

名砚收藏品鉴

元代时砚工已寥寥无几，著名的砚工是当时徽州婺源（今江西省婺源县）外庄人叶壤。他制作的砚经常有独特的构思，所琢龙尾砚精妙绝伦，现代制砚艺人创作的时候还经常借鉴他的作品。

钟式形歙石砚

朝代：明
规格：35cm×22cm×6cm
市场参考价：4万~5万元

歙石卧牛砚

朝代：明
规格：48cm×31cm×7cm
市场参考价：4万~5万元

第四章
驰名神州——中国四大名砚

古瓶式歙砚

朝代：明

规格：30cm×22cm×4cm

市场参考价：5万~6万元

明代时期，龙尾歙砚的制作基本上处于一蹶不振的状态，优质歙砚的生产微不足道。

见于史传的明代徽州砚工中最著名的就是汪砚伯。汪砚伯非常擅长琢砚，不仅在徽州给人们制砚，而且还到浙江绍兴为人制砚，常常可以卖得高价。因他名望很高，据史料记载曾一时间将越中藏石刻尽。

明代对歙砚的记载主要有徐炬撰写的《事物原始》、张岱撰写的《陶庵梦忆》等。

名砚收藏品鉴

清乾隆皇帝非常爱砚,这个时期对歙石的开采便恢复了,乾隆皇帝还曾经差遣官员到歙州征购佳砚美石。乾隆之后,歙石又不得不停止了采掘,歙砚制作又只能靠民间收集的余料,寥寥无几,难成气候。因此,歙砚的传世作品其实比端砚更少,精品尤为罕见。

新中国成立后,人民政府对制作和开发歙砚十分重视。在许多工匠的努力下,歙砚的生产得以恢复。砚工们仔细筛选、精心制作,造出的歙砚具备了湿润发墨、贮水不耗、墨色浮艳、一濯即莹的优点,被人们视为书画艺术用具中的珍品。

鹰桃歙砚

朝代:明
规格:18cm×17cm×4cm
市场参考价:4.5万~6万元

丹凤展翅歙石砚

朝代:元
规格:30cm×27cm×5cm
市场参考价:8万~10万元

第四章
驰名神州——中国四大名砚

壁虎龙歙砚

朝代：明
规格：25cm×14cm×8cm
市场参考价：4万~6万元

名砚收藏品鉴

甘之洮河砚

》洮河砚简介

洮河砚是我国四大名砚之一，其产地是甘肃省洮河东岸喇嘛崖鹦哥山嘴，因此得名，又被称作洮砚。洮石又可分为绿洮和红洮，绿洮色泽青蓝，纹理很清晰，纹路像是卷云，宛若水波，故而有非常鲜明的风格；红洮石质纯净，极为罕见。洮砚石质坚润，呵气便可磨墨，发墨细快，保湿利笔，流传至今的已很罕见。

淌池高砚

朝代：明
规格：30cm×17cm×10cm
市场参考价：5万~6万元

蓬莱砚

朝代：明
规格：29cm×19cm×6cm
市场参考价：3万~4万元

第四章
驰名神州——中国四大名砚

风字高砚

朝代：明

规格：25cm×15cm×8cm

市场参考价：4万~6万元

宋代赵希鹄曾经在《洞天清禄集》中提到，洮河砚是端、歙二砚之外最珍贵的砚种。用于制作洮砚的砚石埋藏在深不见底的洮河河底。

洮砚在唐代就已经开始大量生产了，并且唐代是洮砚制作的极盛时期，可是流传到今日的实物还是相当罕见。

宋代时洮砚声名鹊起，当时洮砚生产得很少，因此也相当珍贵。洮河砚之所以有如此高的声誉，不全因为它的高超工艺，同时也因为洮砚制材的开采相当困难，洮砚生产也因为这方面的影响而受到限制，导致产量不多。

风字形洮砚

朝代：明

规格：28cm×15cm×8cm

市场参考价：5万~6万元

 **名砚收藏品鉴**

》洮河砚的发展历史

宋代时洮砚的生产量就非常小了，到元代更是到了极为稀少的程度，而这也更令其显得珍贵无比，当时的文学家陆友仁、元好问都撰写了许多赞美洮砚的诗词和佳作。

作为中国四大名砚之一的洮砚，到了明代就因为石料短缺，最终无法继续发展了。这个时期仍有少量的洮砚诞生，可是它们也多已成为单纯的工艺美术品。如"十八罗汉"洮河砚，实际上这方砚并没有被使用过。

圭形大砚

朝代：明
规格：31cm×21cm×5cm
市场参考价：5万~6万元

多腿圆形陶砚

朝代：唐
规格：15cm×15cm×4cm
市场参考价：1.5万~2万元

第四章
驰名神州——中国四大名砚

明代也有一些对于洮砚的理论研究，如高濂的《遵生八笺》、屠隆的《考槃余事》当中都有记录洮砚的内容。

洮砚在唐代就已成为闻名全国的四大名砚之一，可是新中国成立之前因为私人无力采石，通常只有个别砚工捡些外露的劣石进行雕刻制作，因此洮砚生产量极少而且质量不好，雕刻工艺也不佳。新中国成立后，这一宝贵艺术迎来了春天。自1964年起，甘肃工艺美术厂重新前往山上采集鸭头绿、鹦哥绿砚石，在河里采挖赤紫石，克服了许多困难，最终让洮砚的生产得以恢复。特别是近年来，洮砚的生产发展迅速，所制作的砚精致高雅，富有情趣。砚形和名目繁多，一直为人们所称赞。如云龙砚、龙凤砚、孔雀砚、松鹤砚、梅花砚、竹节砚、圆形砚、扇形砚、随形砚等，一直都深受人们的喜爱。

名砚收藏品鉴

粤之端砚

》端砚简介

端砚，其产地为广东省高要县和肇庆市一带，最早创制于唐代，在许多朝代，端砚都是贡砚和赐砚。唐代诗人李贺曾创作《杨生青花紫石砚歌》来歌颂端砚。

树叶形端砚

朝代：清

规格：22cm×10cm×3cm

市场参考价：4万～6万元

鸳鸯戏水绿端砚

朝代：明

规格：23.5cm×14.5×3cm

市场参考价：2.5万～3万元

第四章
驰名神州——中国四大名砚

绿端砚

朝代：清
规格：28cm×16cm×8cm
市场参考价：3万～4万元

　　端砚选用的最佳石料是水岩老坑，这种石料长期浸泡在水里，因此温润如玉。
　　端砚的石料非常出色，砚本身还具有易发墨但不损笔毫的优点，因此历朝历代都将端砚视为珍宝。

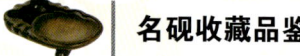 **名砚收藏品鉴**

端溪砚石的纹理非常清晰,石料的种类包括蕉叶白、青花、鱼脑冻、火捺、冰纹等,紫色的石料是最名贵的,其他的颜色则有绿色、灰苍色、灰泥色、白色、黑色、猪肝色等。

门字形端砚

朝代:明

规格:20cm×12cm×3.2cm

市场参考价:2万~3万元

第四章
驰名神州——中国四大名砚

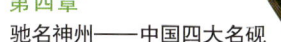

早期的端砚比较看重实用功能，因此一般没有雕饰。中唐以后更加讲究美观，装饰的雕琢图案还是比较简朴和素雅的。到了宋代以后，形制与雕饰才逐渐繁复，雕饰的题材也更加多样化，使其欣赏价值大为提高。

孔雀砚

朝代：清

规格：22cm×11cm×4cm

市场参考价：4万~5万元

瓶形绿端砚

朝代：清

规格：26cm×16cm×8cm

市场参考价：4万~5万元

名砚收藏品鉴

》端砚的发展历史

端砚的具体起源时间现在仍有争议，不过绝大多数人认为端砚最早创制于唐代。按照《石隐砚谈》当中的记录："端溪石始于唐武德之世。"因产地是端州（今广东省肇庆市东郊的羚羊峡斧柯山）境内的端溪沿岸从而得名。端砚的石质、花色都很有特点，平时呵气即可研墨、研墨无声、发墨不损毫，故而得到了历代文人学士非常高的评价。

琴形乌端砚
朝代：清
规格：22.5cm×11cm×4cm
市场参考价：4万～5万元

螭龙戏珠紫端砚
朝代：元
规格：30cm×19cm×4cm
市场参考价：2万～2.5万元

第四章
驰名神州——中国四大名砚

砚石的开采难度非常之大，先要去开凿出坑洞，洞沿倾斜陡峭，坑道也是弯弯曲曲的，如果按照石脉生长的方向进行砚石开采，洞窄处则不能站起来，通常需要佝偻开凿，劳动强度可想而知。唐初最早进行石料开采的就是龙岩。

苍龙戏珠端砚

朝代：清
规格：23cm×14cm×8cm
市场参考价：4万～6万元

双龙戏珠端砚

朝代：清
规格：26.5cm×18cm×6.8cm
市场参考价：4万～6万元

087

名砚收藏品鉴

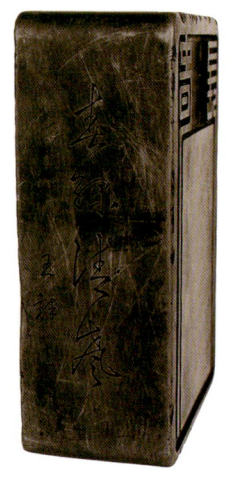

绿端长寿砚

朝代：明

规格：26cm×18cm×9cm

市场参考价：4万~5万元

随后龙岩不复取，水岩（即下岩）就取代了它的位置。水岩紧挨着山水，开采难度非常大，岩洞只能够容下一人，另外还有常年的积水，顶上积水下滴，挖掘的时候衣冠皆湿。下岩石经过较长时间的浸泡，砚石也变得湿润细腻，颜色通常为较淡的青色和紫色，有多种颜色而且变化多样。一般来说，好的水岩砚体重而轻、质刚而柔，石料抚摸起来感觉像婴儿的肌肤，湿软嫩而不滑，握在手中，水自滋生，用气呵之，泽汁滴沥，可以说是无上的好材料。晚唐时水岩坑砚石制作的砚还被列为贡品，只提供给朝廷的权贵，故称为"皇岩"。开坑采石时，一般都有太监或地方官监督。

辘轳砚

朝代：宋

规格：25cm×15cm×9cm

市场参考价：3万~4万元

第四章
驰名神州——中国四大名砚

平板形乌端砚

朝代：清
规格：25cm×15cm×4.7cm
市场参考价：2万～3万元

唐代鉴赏端砚的时候依据的标准就是砚上丰富多彩的纹理，在许多色彩的砚当中，多推崇紫色石砚。紫色石砚最好的是带有青花纹路的砚，其花纹细小如发丝蝇翅，能够看清纱一样的纹路，它不是在石砚表面上，一般是隐藏在紫石当中，水湿便能看到。

 **名砚收藏品鉴**

初唐时，端砚主要是以实用为目的，砚面基本看不到装饰和雕刻图案，砚形通常都是方形或长方形。中唐之后的端砚出现了许多变化，风格形式的变化也很明显，开始由纯实用品转变为艺术欣赏品。其制作方法，通常是在砚石的池头雕刻出线条明快或粗犷的图文、山水、花鸟等图案，而砚形则以箕形居多。

随形端砚

朝代：清
规格：22cm×10cm×5cm
市场参考价：2万~3万元

第四章
驰名神州——中国四大名砚

端砚在宋代时讲究立意，注重造型，制作手法也更加多样化和复杂化。随着鲁砚中红丝砚品逐渐没落，端砚也逐渐变为天下群砚之首。

苏武牧羊端砚

朝代：清

规格：36cm×23cm×6cm

市场参考价：5万~6万元

随形端砚

朝代：清

规格：29cm×21cm×4cm

市场参考价：2万~3万元

名砚收藏品鉴

宋代端砚的采石地除了水坑之外，还曾经新开采三大坑洞。一坑是北宋时期采石留下的，故称宋坑；二坑是宋治平年间开坑采石的坑仔岩；三坑是北宋时期采石的名坑——梅花坑，这种坑出产的石料带有梅花点，带有很多眼。各坑均有自己的名品著称于世。

蝉形端砚

朝代：明

规格：23cm×14cm×4cm

市场参考价：4万～5万元

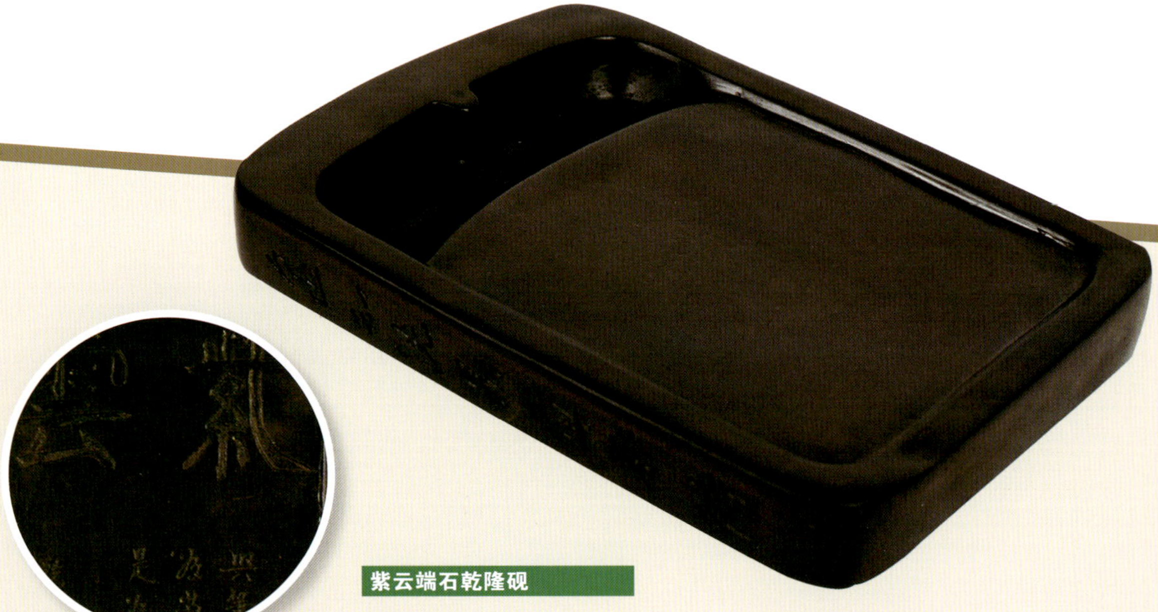

紫云端石乾隆砚

朝代：清

规格：29cm×21cm×4cm

市场参考价：4万～6万元

第四章
驰名神州——中国四大名砚

松鹤葫芦紫端砚

朝代：清
规格：26cm×16.5cm×8.5cm
市场参考价：6万～8万元

长方端砚

朝代：清
规格：29cm×19cm×4cm
市场参考价：2万～3万元

  宋坑出产的砚石具有质地细密、润滑坚实的特点，紫红色的石料很像猪肝，被称为火撩、火烙、熨斗焦等。这种石料有火烙的样子和特征，紫红带微黑，在端砚中较为常见。形状更像是圆形或椭圆形，颜色像猪肝者称为猪肝冻，如果是金钱状，则称为金钱火撩或称金钱冻。有一种著名石料叫金星点，是宋坑中独有的石料。金星点点布满砚石表面，阳光一照，闪闪发光，非常像天空的星点。

名砚收藏品鉴

坑仔岩出产的砚石非常出众,不仅石质细腻,石料的肌理也很美,在形状和颜色上还有不同的对应名称,且名字都很形象。除前文所提及的火捺外,还有"石中之精华"青花石,这种石料有细小的花纹,如发丝蝇翅,单独拿出石料不容易观察到花纹,如果浸在水中那就清楚醒目了,以这种石料制作的砚是砚中珍品。另一种石料名为叶白,又名蕉白。石料如蕉叶初展,纯洁娇嫩,含露欲滴,蕉白的石质嫩软,非常利于研墨,是端砚中的最佳品种。

梅花坑出产的砚石上有灰白微黄和梅花点的石纹,人们还将其称为九龙坑。这种石料的特点就是眼多。

宋代对于端砚的制作非常讲究,要求砚材质量、雕刻技艺、实用性和艺术性同时协调并重。

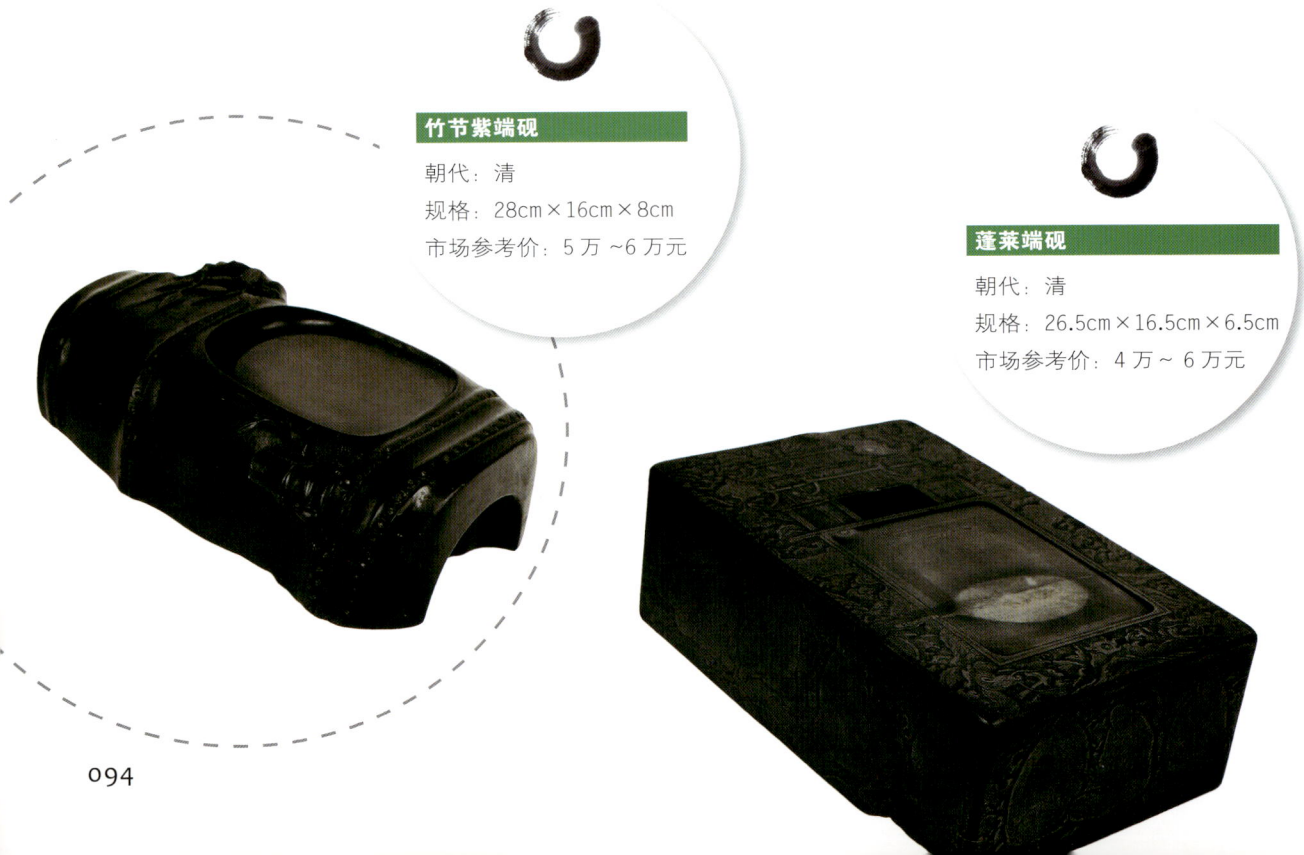

竹节紫端砚
朝代:清
规格:28cm×16cm×8cm
市场参考价:5万~6万元

蓬莱端砚
朝代:清
规格:26.5cm×16.5cm×6.5cm
市场参考价:4万~6万元

第四章
驰名神州——中国四大名砚

琴棋书画端砚

朝代：清

规格：22cm×17cm×4cm

市场参考价：4万~6万元

松鹰端砚

朝代：清

规格：16cm×10cm×3cm

市场参考价：5万~7万元

　　宋代的端砚已是千姿百态了。叶樾的《端溪砚谱》当中记录了端砚的一些形状，总数超过50种。此外有一些天然的砚式，据说是苏轼主持制造的，砚的石料不用雕刻，求其自然，真可谓璞玉浑金，独具一格。

　　宋代的端砚有出色的制作工艺，许多文人都爱好端砚，并注重研究、鉴赏和收藏，有些文人甚至成了癖好。其中北宋米芾最为著名，明代的毛晋在《海岳志林》当中有记录："僧敌周有端州石，屹起成山，其麓受水可磨。米后得之，抱之眠三日，嘱之瞻为之铭。"传说米芾看见这方砚后，高兴得手舞足蹈，不吃不喝不睡，守在砚边不肯离去，和尚没有办法，只能把砚送给了米芾，他竟抱石酣睡三天三夜。说明他喜欢砚已到痴狂的程度。

名砚收藏品鉴

宋代关于端砚的专业著作也先后出现，专著的出现也对制砚业的发展起到了带动作用，同时也为后人的研究提供了翔实的历史资料。苏易简撰写的《文房四谱》、唐询撰写的《砚录》、赵希鹄撰写的《洞天清禄集》、蔡襄撰写的《砚记》中对端砚都有相关的论述。

元代时端砚也一直为诗人词家、书画名家所青睐，这个时期赞咏端砚的佳作也有很多。

丹凤端砚

朝代：清
规格：19cm×13cm×3cm
市场参考价：5万～7万元

第四章
驰名神州——中国四大名砚

丹凤朝阳端砚

朝代：清

规格：25cm×15cm×4cm

市场参考价：5万~6万元

名砚收藏品鉴

苍龙戏珠紫端砚

朝代：清
规格：18cm×19cm×4cm
市场参考价：4万~6万元

紫端松根砚

朝代：明
规格：24cm×24cm×7cm
市场参考价：5万~6万元

　　明代的端砚式样丰富多彩，纹饰题材广泛。

　　明宣德年间还新开了一座端砚砚石采掘坑，名为宣德岩。这一石坑的石料颜色为猪肝色，另外还有紫蓝、苍灰色，石质相对温润，但好石较少。与此同时，明代端砚的制作也进入了一个继往开来的时期。一方面有唐宋时期固定的形式，另一方面还有明代的独有特征。

　　不同的砚式使用不同的纹饰，这些形式和纹饰都代表了明代砚业的制作风格，砚的制作风格效仿工艺品。

第四章
驰名神州——中国四大名砚

这个时期，在端砚上题诗铭跋的风气已经非常盛行了，而且这也是文人雅士以及平民百姓借助砚文言志、叙事和叙旧的一种方式。如果一方砚制作工艺绝佳，辗转，其上镌刻有名人铭文后，那身价肯定也会高涨。这样的石砚一方面具有实用价值，另一方面其艺术欣赏价值也很出色，文物价值同样如此。

龙凤绿端砚

朝代：明

规格：13.5cm×10.5cm×3cm

市场参考价：6万~7万元

名砚收藏品鉴

蝙蝠绿端砚

朝代：清
规格：28cm×18cm×2cm
市场参考价：3万~5万元

明代制砚业蓬勃发展，出色的砚工大量涌现。这个时期的杰出砚工有上海的顾从义及江苏常熟的张寅等。在杰出工匠的共同努力下，明代的端砚呈现出生动活泼、丰富多彩的形象。伴随着工艺手段的精进，端砚的创作和生产也进入了蓬勃发展的时期。

新中国成立后，广东地区渐渐恢复了清末荒废多年的端溪砚石的采掘，并且组织了一批转行和流离他乡的老艺人进行创作，这也让端砚的历史掀开了崭新的篇章。

葫芦形端砚

朝代：清
规格：20cm×14cm×2.6cm
市场参考价：2万~3万元

第四章
驰名神州——中国四大名砚

福寿八角端砚

朝代：清
规格：15cm×15cm×2.5cm
市场参考价：3万~3.5万元

　　新时期端砚的开采，基本沿用了传统的手工作业办法，不过过去"人采者，无不持灯；灯在洞中，气无所泄，烟煤皆著人体，故采石而出者，下身沾黄泥，上身受烟煤，无不剥驳如鬼"的情景已经消失，电灯代替了油灯，抽水机也取代了陶罐。工作条件的改善对于提高采石工人的劳动积极性很有帮助，现在每年的开采量超过万余千克。

名砚收藏品鉴

端砚生产的原则是"古为今用，开拓创新"，这也促成一大批民族风貌和时代特点出众的作品的出现。这对于统一欣赏价值和实用价值、社会效益和经济效益都是有帮助的。

荷叶形端砚

朝代：清

规格：15.5cm×11cm×2cm

市场参考价：4万~5万元

第四章
驰名神州——中国四大名砚

鹅形端砚

朝代：清

规格：16cm×16cm×3cm

市场参考价：3万~4万元

在过去的一段时间内，端砚的制作一直都在向博大的方向发展，催生了很多的巨型砚。砚工曾经把肇庆七星岩内自唐以来历代名家墨迹和摩崖石刻当中的著名作品用刀工雕刻到砚台上，把铭文作为砚的装饰。这也让砚具有了强烈的地方特色和文史价值。

 **名砚收藏品鉴**

丹凤朝阳砚

朝代：清

规格：25cm×21cm×3cm

市场参考价：4万~6万元

》端砚的不同坑洞

端砚的石料出产于不同的坑口，因此砚石的区别是相当明显的。在不同的标准下，分类也是不同的。通常可以划分为山坑和水坑两类。优质的水坑石料细腻滑润、滋润坚实、致密严实，特点是易发墨但是不伤毫，呵气便可研墨。

第四章
驰名神州——中国四大名砚

竹节端砚

朝代：清
规格：11cm×10cm×4cm
市场参考价：4万~6万元

按照不同的开采时间，可将端砚分为宋坑砚、明坑砚和清坑砚。宋坑还可以分为"将军坑""梅花坑"和"坑仔岩"。

明、清两代的砚石可以按照不同的开采时期进行划分，如明宣德坑、万历坑，清乾隆坑等。

随形紫端砚

朝代：清
规格：20cm×15cm×3cm
市场参考价：4万~5万元

名砚收藏品鉴

如果依据开采的地点进行划分,则有水归洞、大西洞、小西洞、东洞、古塔岩、朝天岩等。所产石料质量最好的坑洞是水归洞和大西洞。

依据端砚开采和矿坑发现人的姓氏进行划分则有吴兰修坑(清道光年间)、张之洞坑(清光绪年间)和麻子坑等。

乌龙铰水紫端砚

朝代:清

规格:23cm×14cm×4cm

市场参考价:4.5万~6万元

兰亭绿端砚

朝代:明

规格:19cm×14cm×6cm

市场参考价:6.5万~9万元

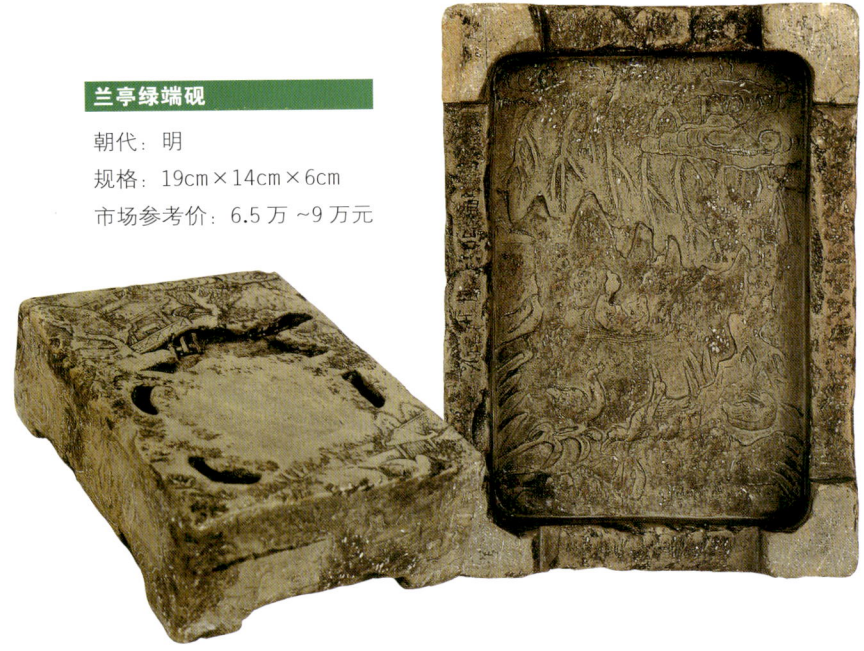

第四章
驰名神州——中国四大名砚

卧狮形紫端砚

朝代：清

规格：略

市场参考价：6万～8万元

老坑

老坑出产的石料颜色为青灰色，略有一点紫蓝色，纹路细致而滑腻、娇嫩，质地密集而坚硬。大西洞与水归洞统称老坑石，两种石料色泽基本一致，不过详细审视后就能够看出区别。大西洞石的颜色是青灰色中微带紫蓝色，整体偏蓝；水归洞则在青灰色中微带紫蓝色而偏紫。大西洞石上多有冰纹，水归洞的纹路就少一些。老坑砚石料都带有珍贵的石眼。

  **名砚收藏品鉴**

八卦形端砚

朝代：明

规格：19cm×19cm×5cm

市场参考价：4万~5万元

坑仔岩

坑仔岩的砚石质量优秀，幼嫩，有细致的纹理，石料坚硬、润泽。不过坑仔岩砚石相比老坑或麻子坑的石料，层次略差。石色青紫稍带赤，花纹和颜色分布均匀，石料的色彩也不像老坑或麻子坑砚石那样色彩斑斓。

桃叶形端砚

朝代：清

规格：25cm×18cm×6cm

市场参考价：5万~6万元

第四章
驰名神州——中国四大名砚

莲蓬绿端砚

朝代：明
规格：27cm×28cm×11cm
市场参考价：8万～10万元

麻子坑

麻子坑的种类包括水坑和旱坑，两坑坑口的距离在5米左右，水坑位于下方，一直积水，洞内的泉水从岩壁当中不停流出。旱坑在上，亦为"泉生石中"，但是被水浸泡的时间很短。麻子坑在老坑南边4千米的地方，洞口在山岩上，和山脚溪水距离600米。该处山坡陡峭，怪石嶙峋，道路蜿蜒曲折，攀登不易，开采困难。

麻子坑的石料质地细腻、洁净，优质的麻子坑石甚至可媲美老坑石。一般来说它仅次于老坑，和坑仔岩属于同级，优秀的石料还超过了坑仔岩石料。

鱼形端砚

朝代：清
规格：38cm×23cm×2cm
市场参考价：6万～7万元

名砚收藏品鉴

宋坑

　　宋坑是因为在宋代发现而取名为宋坑，坑洞位于肇庆市北郊七星岩后面的北岭山一带。宋坑产石区域面积超过100平方千米，因此石质的差异也是相当明显的。通常来说，宋坑的砚石颜色偏紫，石色凝重而浑厚，这同样是石料的特征，古时候的宋坑砚基本都是这种颜色，苏轼在《孙莘老寄墨四首》当中曾经提到过"溪石琢马肝"的诗句，也有人称猪肝色，石料的表面还有金星点，在阳光下闪闪发亮。优质宋坑砚石还有火捺，石质上佳的猪肝冻或金钱火捺。宋坑砚石的矿区范围相对广阔一些，但是石质粗细不均匀，优质的宋坑砚石质地致密、滑润细腻、下墨快、发墨好，这种材料用来雕花也是很好的，另外制作墨海、淌池也都是可以的。

太史形紫端砚

朝代：明
规格：30cm×26cm×6.5cm
市场参考价：4万～5万元

第四章
驰名神州——中国四大名砚

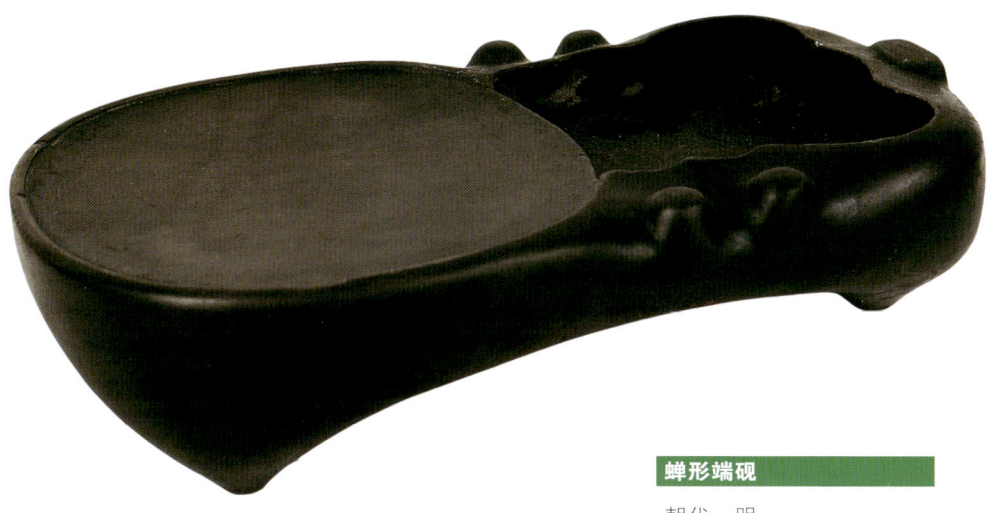

蝉形端砚

朝代：明

规格：35cm×23cm×8cm

市场参考价：4万～5万元

梅花坑

　　梅花坑最初开采于宋代，开采的位置在羚羊峡以东的高要沙浦典水村附近，因此古时称之为典水梅花坑。现在梅花坑砚石主要出产在肇庆市北郊北岭山的九龙坑，传说这里和宋坑砚石都是传承的。梅花坑的石料有许多砚石，呈苍灰白微带青黄色，表面具有梅花点的石料是上品，石质近似宋代砚石，下墨亦快，石料质地比老坑、麻子坑、坑仔岩粗糙一些。然而梅花坑仍旧是端溪砚中有代表性的名坑之一。

名砚收藏品鉴

绿端坑

绿端坑的石料,颜色为微绿带土黄色,质地细腻、润滑,最佳者为翠绿色,通体莹润,纯净无瑕,别具一格。目前,绿端也是较为名贵的端溪砚石之一。史料当中还记录了绿端的下墨和发墨的事情,但只是说到绿端水坑砚石润而发墨(绿端坑洞原有水坑和旱坑之分),旱坑砚石就没有提到。近年,沙浦苏一村附近亦发现绿端石砚材。

绿端指的是端州出产的绿石端砚,不过绿色砚石并非端州的特产,广东恩平市也出产能够雕制成砚的绿石(但下墨不快,发墨也不好),吉林的松花石砚、甘肃的洮砚都是绿石,故而需要详细区别。

飞龙砚
朝代:清
规格:15cm×10cm×3cm
市场参考价:3万~4万元

第四章
驰名神州——中国四大名砚

芦雁形绿端砚

朝代：清

规格：13cm×10cm×2.5cm

市场参考价：5万～6万元

名砚收藏品鉴

献寿端砚

朝代：清
规格：21cm×28cm×5cm
市场参考价：6万～7万元

斧柯东砚坑

斧柯东砚坑的位置在斧柯东麓一带，宋代便开始进行挖掘，斧柯东砚坑与老坑、坑仔岩、麻子坑都是一个矿脉，开采的坑洞分布很广，矿脉延伸了几十千米。斧柯东砚坑的石料产量相当丰富，品种繁多，其中也不缺少优质的砚石。石质与石色的变化很明显，石质一般较粗，优质的石料很像老坑、坑仔岩、麻子坑三大名坑石料，石料上可以发现鱼脑冻、蕉叶白、火捺、青花、翡翠等石品花纹。不过斧柯东砚坑的砚石较为坚硬，敲击后可以听到金属的声响。

第四章
驰名神州——中国四大名砚

晋之澄泥砚

》澄泥砚简介

　　唐代时，四大名砚先后出现，随后其他砚品也陆续涌现，这都促进了制砚业的繁荣。澄泥砚即创制于这种情况之下。唐代文人韩愈曾经在《瘗砚文》当中记录说，"土乎成质，陶乎成器""砚乎砚乎瓦砾异"，这当中提到的砚就是澄泥砚。

　　山西的澄泥砚创于唐代，历史悠久，当时曾被列为"贡砚"。它以汾河下游的澄泥为原料，经过特殊的焙烧工艺制作而成，在造型艺术上别具一格。具有发墨快、墨水不易干、不伤笔毫等优点。

灵龟负书图砚
朝代：明
规格：31cm×20cm×8cm
市场参考价：5万~6万元

绿豆沙澄泥砚
朝代：元
规格：20cm×20cm×4cm
市场参考价：3万~4万元

  **名砚收藏品鉴**

书画砚

朝代：明

规格：26cm×17cm×7cm

市场参考价：7 万 ~10 万元

人物砚

朝代：元

规格：18cm×12cm×2.5cm

市场参考价：8 万 ~12 万元

》澄泥砚的发展历史

　　用泥作为原料的制砚方法，在宋代时逐渐发扬光大，人们历经了很长时间的实践和总结，逐步形成了完整的制作方法。制作的工序有十几道，每一道工序也都是为了让砚的质地变得坚硬，另外黄丹是一种铅化合物，能够提升泥土的强度，经烧、蒸之后，泥料就坚若磐石，遍体生津，易于发墨，此砚即成。

　　宋代制作澄泥砚的工匠非常多，吕道人是制作澄泥砚的高超匠人。米芾《砚史》当中收录了 26 种砚，当中也包括吕道人制作的砚，这种砚的硬度很高，甚至能够用来试金，使用澄泥砚研磨出来的墨汁光亮如漆，温和利于书写。砚首部分还有"吕"的刻字，用来和其他砚加以区别。

　　澄泥砚"取之于水而成之于火"，吕道人制作澄泥砚的过程更像是方士炼金，"水中取泥譬若生药，火中成罐终似结丹"。他制作砚的时候不会产生任何气泡和微小的裂纹，故而密度和硬度条件都非常适合磨墨和发墨。

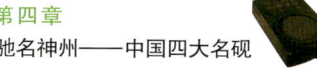

第四章
驰名神州——中国四大名砚

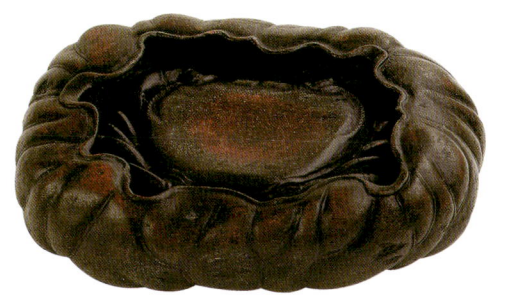

君子砚

朝代：明

规格：21cm×15cm×6cm

市场参考价：6万~9万元

传说当年吕道人起初是在恒山制墨，并不制砚。可是墨并无明显的特点，后遇一异人，把炼金的方法教授于他，吕道人就开始学习"炼金"的方法。吕道人非常用心地学习"炼金"，但屡屡失败。金没炼成，却因此烧制了许多废旧的瓦砾，吕道人心说，这也不错，于是开始制作砚台。当时他用"炼金"之法改制砚台，没想到经过多次试验，最终创造出了"吕"字澄泥砚。

澄泥砚的制作理论对于此类砚的制作的指导作用和影响是非常巨大的，使得澄泥砚的生产区域迅速扩大。唐代时虢州（今河南灵宝）是著名的澄泥砚产地；相州（今河南安阳）地区的人则在铜雀台制造澄泥砚；山西泽州（今山西晋城一带）地区的吕道人，制澄泥砚最为著名；山西汾河一带的绛县也出产澄泥砚，到了明代仍是声名远播；山东泗水的柘沟，当地人使用红色的黏土制砚，命名为柘砚；河北滹沱河沿岸的滹阳也制作澄泥砚。另外，陕西省还发现过宋代的澄泥砚实物，砚上还有铭文。南宋时，因红丝砚消失，澄泥砚遂取代鲁砚，最终和其他三种砚并称为宋时的四大名砚。

魁星大砚

朝代：明

规格：31cm×20cm×8cm

市场参考价：3万~5万元

名砚收藏品鉴

到了明代，澄泥砚的制作进入了新的时期。明代澄泥砚的雕刻逐渐向细致的方向发展，基本摒弃了过去那种粗枝大叶的雕刻风格；砚泥的色泽多样，有朱、紫、黄、绿等；在造型上传承了石砚的风格，造型包括长、方、圆、八角形等。

澄泥砚最著名的产地是山西临汾河沿岸的绛县。五代时期张洎写的《贾氏谈录》中有记载："绛县（在今山西省境内）人善制澄泥，缝绢囊置汾水中，逾年而取之，沙之细者已实囊矣。陶为砚，水不涸。"

魁星小砚

朝代：明

规格：15cm×9cm×2cm

市场参考价：2.5万~4万元

魁星小砚

朝代：明

规格：14cm×14cm×5cm

市场参考价：2.5万~4万元

第五章 赏宝鉴珍——古砚的鉴定与收藏

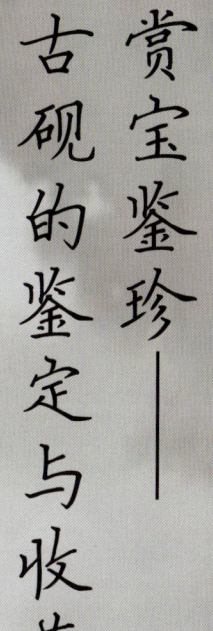
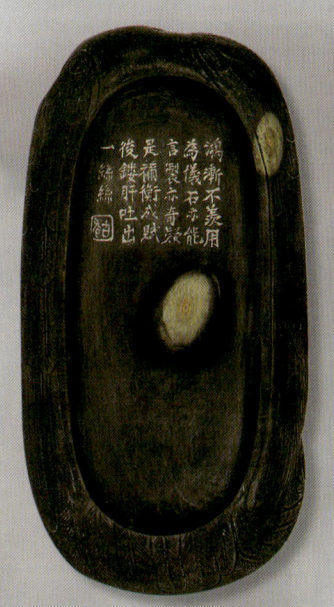

名砚收藏品鉴

古砚甄别

如今，砚台已基本失去了使用的功能，可是人们还是无法割舍对砚台的喜爱之情。识别、鉴赏、珍藏，收藏和鉴赏砚已经成为我国及周边一些国家和地区所特有的文化现象。

古董收藏当中，古砚的鉴定难度并不大，相对于瓷器、字画，难度就更低了。可是古砚的收藏是比较冷僻的，常人往往难得一见，因此有很多初涉古砚收藏的人都单纯靠书上叙述的内容来进行判断，这样就极容易误入歧途。

荷中君子砚

朝代：明
规格：25cm×12cm×8cm
市场参考价：3万～4万元

第五章
赏宝鉴珍——古砚的鉴定与收藏

如意抄手砚

朝代：明

规格：25cm×15cm×5cm

市场参考价：4万~5万元

　　另外还有一部分人将新砚当成旧砚，把劣砚当成好砚，将真品和佳品看成普通和一般的砚，完全丧失了审美能力。

　　古砚收藏不能将追求利益与金钱放在首位，古砚是一种文化，一种情趣，一种心境。也正是因为这样，古砚收藏变成了一种"高、尖、精"的收藏，这种收藏的文化品位很高，它直观地彰显出了收藏者的睿智与远见。

名砚收藏品鉴

》砚的挑选方法

挑选砚有一些小的细节值得我们注意,总结起来主要有以下几个方面的原则:

1. 看

看的过程,就是鉴别石品真伪的过程,这一步需要鉴定的内容包括坑口的新老(通常情况下老坑石料比新坑石料更加柔滑和细腻)、品相的好坏(是否端正)、加工的细致程度。另外,还需要观察有没有伤残和修补的痕迹。

雕龙澄泥砚

朝代:清
规格:14cm×9cm×3cm
市场参考价:1.5万~2万元

第五章
赏宝鉴珍——古砚的鉴定与收藏

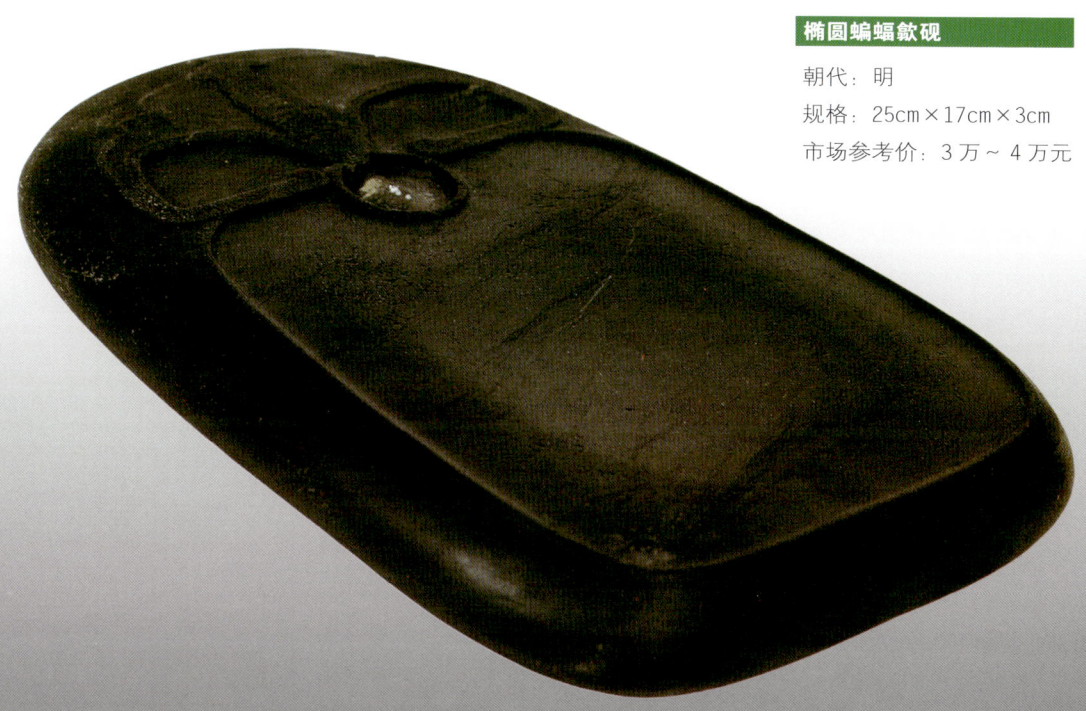

椭圆蝙蝠歙砚
朝代：明
规格：25cm×17cm×3cm
市场参考价：3万～4万元

2. 摸

摸就是拿到砚之后先用手抚摩一下，抚摩感觉如果类似婴儿的皮肤，那就证明石料的质地细柔、品质上乘，如果抚摩的感觉粗糙，说明颗粒粗、结构松，石质较差。另外，抚摩的时候如果手感凉则质地好，暖则石质差。当用手按压石料时，有汗印者佳，无汗印者差。

3. 敲

敲就是用五个手指托住砚台，手心中空，使用小木棍或手指进行弹击，如果有"当当"的金属声那质量就不错，如果有瓦木声那就差很多，另外，如果声音为"卜卜"一样的声响，那基本可以判定为泥料质地，这也是下品的一种，或者说明有暗伤，不可取。

4. 掂

掂就是掂砚，从而确定分量。同样大小的歙砚，质量重的就好，轻的就差一些，一般质量重的石料颗粒细腻，矿物聚合得比较紧密，整体的石料就更坚硬；质量轻的砚颗粒则比较粗糙，矿物黏结疏松，质地松散。如歙砚当中眉纹比其他品种的石料要更多，因为它比其他品种的结构更坚实、紧密。

5. 洗

洗则是用水来洗砚，一般这种方法不好实现。如果鉴定的是歙砚，条件允许的情况下还是要进行清洗。砚上污迹斑斑，通常老砚、旧砚上都能看到斑驳的墨迹。这些痕迹会直接掩盖砚石自然的美纹（像暗细罗纹等名贵品种只有在水中才能看到特别的纹理），坑口的年代更不容易分辨出来，砚有没有修补的地方也不清楚，这样很容易做出错误的判断。另外，经过清洗，砚面的宿墨（主要是老砚、旧砚）也能够快速清除，则更说明是一方石质美善的好砚。

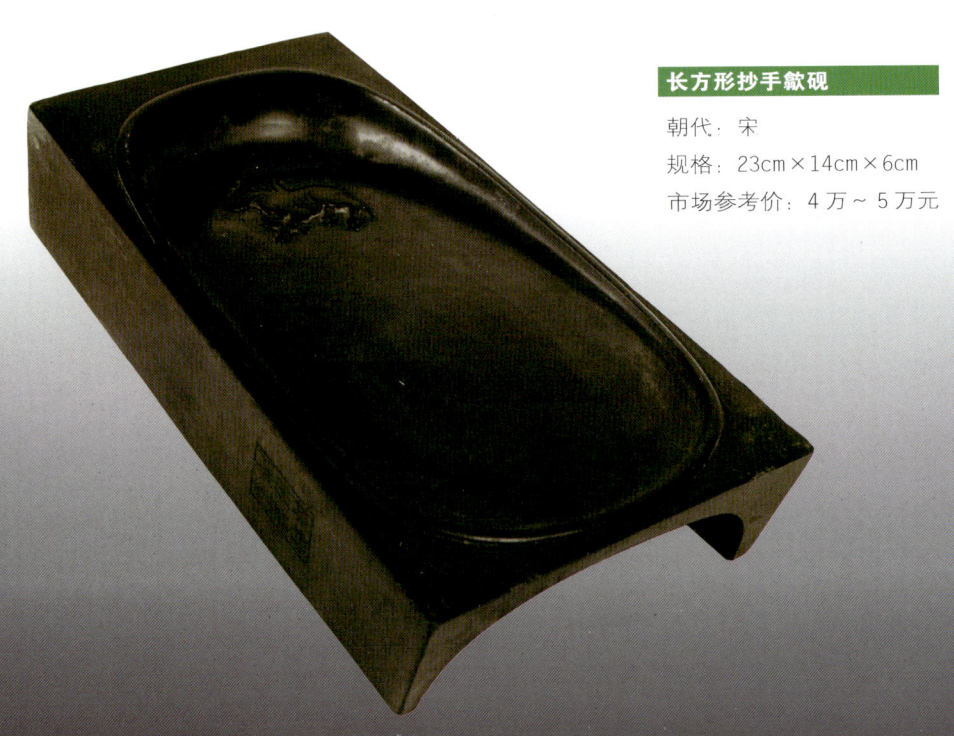

长方形抄手歙砚

朝代：宋
规格：23cm×14cm×6cm
市场参考价：4万～5万元

第五章
赏宝鉴珍——古砚的鉴定与收藏

凤凰来仪纹抄手砚

朝代：明
规格：28cm×17cm×5cm
市场参考价：5万~6万元

6. 刻

刻就是使用刻刀在砚石上（不显眼的区域）进行刮划。熟悉砚石的制砚高手，仅仅依靠刮划时候的声响和感觉，马上就能知道砚石的软硬、疏密、粗细、燥润，进而判断出砚的好坏。

名砚收藏品鉴

不同材料的砚也要进行具体的对应判断：

选砚主要是石砚。制砚用到的材料非常多，如铜、玉、砖、瓦、陶、石等，最利于使用的其实首推石砚，其他各种砚都不太合用。

选砚还需要注意润泽有光的。砚石当中最珍贵的便是润泽的，端石、歙石的特点都是润泽，因为如果不够润泽，墨中的水分便很容易被吸收，从而导致浓度上升，滞笔难运，这样也写不出好字。端石和歙石因长年浸于溪中，所以润泽有光。

选砚需要注意纹理细腻的。砚石的纹理足够细致，那砚的表面便很光滑，易于磨墨，研磨的墨汁均匀细腻。这种砚非常利于发墨，同时不损伤笔毫，端砚和歙砚都有这方面的优点。反之，磨墨时会发出声音，墨也磨不匀，还会损坏笔毫。

选砚时必须进行敲击，如果声音洪亮那便是砚石过坚，品质较劣；凡低而有韵者，则表示砚石温和细腻，无刚硬之性，能发墨久而不乏。

随形鹰砚

朝代：明
规格：19cm×13cm×5cm
市场参考价：3万～4万元

第五章
赏宝鉴珍——古砚的鉴定与收藏

如意抄手砚

朝代：明

规格：30cm×17cm×8cm

市场参考价：3万~4万元

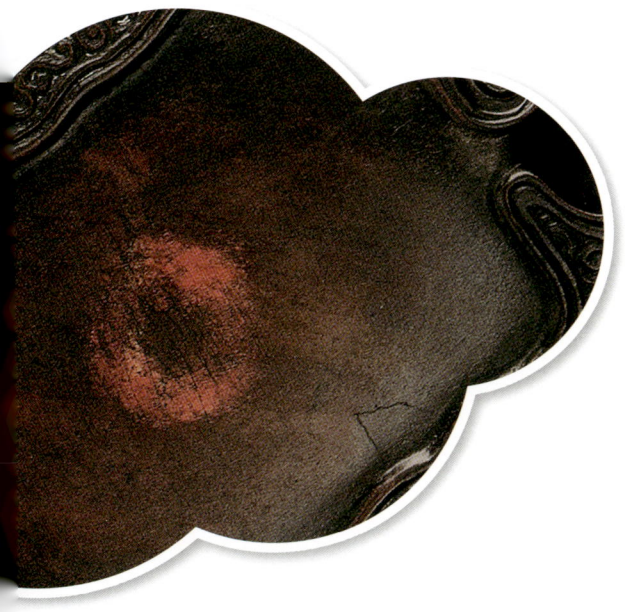

》砚的年代鉴定

鉴定砚是不是古砚并不困难，首先要做的就是观察砚的气质。气质并非是人独有的，砚也有独特的气质。

我们在鉴定砚的时候，应该从制式、线条以及雕刻和铭文等方面，熟练地把握古人与今人一些具体的区别。我们要避免用今人的眼光审视古砚，因为今人判定好坏的眼光已经与古人相去甚远，审美的观念和古人的差别更是巨大。

名砚收藏品鉴

任何一方能够流传下来的古砚通常都有不平常的背景。一方古砚，承载着文化，更传承着历史，是一个独特的体系。

1. 包浆

历史与时光存留在砚上的最直观的痕迹就是包浆。包浆可以说是由历史与时光刻制而成的，非常光洁与明亮，使用任何洗涤剂都不能清除。

现在连包浆也有造假者仿制了，造假的方式包括烧或熏、煮或涂，使用这些方法能够让新砚变得看起来非常老旧，却又格外俗气与难看。只要我们平时有一定的鉴赏经验，肯定明白自然的包浆是不均匀的，非常美观，是一种熟得黑亮之色，那些手触的地方会又黑又亮，手接触不到的地方则色浅，也不亮。造假制造出来的包浆是纯黑的，本身不亮，色彩非常统一，也非常呆板，完全不符合生活的逻辑。如果使用洗涤液进行清洗，之后再浸泡一番，器物就会露出本来的样子，就像染色的食品一样。

蟾蜍砚

朝代：明
规格：29cm×18cm×6cm
市场参考价：4万～5万元

第五章
赏宝鉴珍——古砚的鉴定与收藏

群鹤砚

朝代：明

规格：26cm×15cm×2cm

市场参考价：4万～5万元

2. 雕刻手法

通过观察雕刻的手法，比较容易识别砚台的新旧。古砚的做工很精致，每一条线、每一个转角，不管是曲是直，都是非常规矩的，方正大气，细节处精打细磨，一丝不苟，整体感觉异常舒服，用手抚摸后更不会伤手。加上岁月在其身上的印迹，便催生出一种润滑的感觉来。如今，新雕的砚不是俗，便是粗，极少能够看到古时候的风气。

名砚收藏品鉴

3. 铭文

古砚通常很少见铭文,如果发现一块砚有铭,极有可能这块砚是假的。面对这样的砚,就不能轻信关于砚的来源的说法。

假的砚铭通常包括几种情况:一是古砚老仿、老刻的铭;二是古砚新刻铭;三是新砚新刻铭。其中最难判断的是第一种,因为都是老的,综合判别只能从刻工、书法的风格以及砚石的年代进行推敲。只要发现有漏洞,如砚石是清代的,砚铭上的雕刻却是明代的,就能够判断出结果,这种砚是仿品。第二种、第三种比较普遍,特别是第三种,种类多到泛滥,铭文粗糙简陋,大都为民间滥制,不但刀法不合理,做工更是毫无可信之处,有的甚至

龙亢砚

朝代:清

规格:31cm×21cm×5cm

市场参考价:4万~5万元

第五章
赏宝鉴珍——古砚的鉴定与收藏

蟠螭纹小砚

朝代：清
规格：15cm×10cm×3cm
市场参考价：3万~4万元

为电脑所刻，呆板无趣。很容易迷惑人们判断的形式是古砚新刻铭，这类假砚通常出自专业篆刻的匠人或篆刻家之手，作假的工匠具有不错的工艺水平，所刻铭文也往往较为考究。这对收藏者的鉴赏能力便有了较高的要求，需要通过综合刀法、书法、铭文、诗文、砚石、雕刻等方面的特点，推敲出结果，找出破绽。现代人仿古，通常都不具备古人的耐心与细心，因此雕刻的时候急功近利，顾此失彼，破绽更多。

名砚收藏品鉴

井田卧牛砚

朝代：清
规格：22cm×13cm×4cm
市场参考价：2万~4万元

4. 装饰

装饰的主要形式就是砚匣，砚匣通常并不能用来辨别真伪，但适当参考砚匣的特征对于识别古砚和鉴别真伪是有帮助的。不同时期的砚匣在风格上都是不同的，名砚通常都有对应级别的砚匣。

古人对于砚匣的配置一直都是很谨慎的，讲究许多规则。通常都使用整块木头雕琢而成，但也有拼镶的。砚匣多为简洁朴素的风格，美观大方，圆浑自然，不失精细，手感顺畅舒适。

第五章
赏宝鉴珍——古砚的鉴定与收藏

砚匣的样式有三种：底托式；底托加盖式（通常称为天地盖）；封闭式，也就是全盖式。底托式砚匣一般都配大型砚，只有一个底托，无盖。这种匣不常见，传世的很少，而且后人还常以为是缺盖。天地盖通常用来装厚重的砚，如抄手砚等，砚匣本身就比较厚，砚的上、下两面都有保护，只露四侧，开启使用方便。不过这种砚匣留存传世的数量也很少。全盖式则是全封闭的砚匣，做工非常出色，能够紧密地和匣连接在一起，相对其他两种，传世的较多。

通常来说，绝大部分古砚的砚匣都不能保存下来，存有砚匣的古砚寥寥可数。如果是仿制的砚，不但有砚铭，经常还可以发现砚匣，品相可以说是非常完整。当我们在市场上发现了这些完整的"古砚"时，鉴赏和收藏就要特别注意。因为无论仿制得多么逼真，经过细致观察还是可以找到破绽的。

风字小砚

朝代：清

规格：12cm×10cm×2cm

市场参考价：2万～3万元

名砚收藏品鉴

》古砚的辨伪

通常的砚台作伪都集中于砚材。歙砚（龙尾砚）传世和流传到民间的数量较少（指砚材开采时间短而言），因为歙砚到了宋代开采得就少了，清乾隆时期倒是有过再次开采的经历，所以现在市面上的歙砚，通常都是歙州出产的石料，而非婺源的龙尾砚。

门形大砚

朝代：明

规格：34cm×21cm×4cm

市场参考价：2万~3万元

第五章
赏宝鉴珍——古砚的鉴定与收藏

风字四足砚
朝代：宋
规格：26cm×16cm×7cm
市场参考价：3万～4万元

　　端砚石料非常昂贵，故而经济价值也高，这导致市场上端砚伪品的迅速增加。伪造者通常都是利用类似的石材雕琢，不过仔细观察便可以察觉那些石材的石质瘦硬，不温润，也无光，根本不符合端砚石材本身稚嫩、密实的特点。端砚的制作工艺是非常精细的，作伪的砚台肯定也用到了雕琢的工艺，可是通常石质劣次，故而纹饰雕工不能和正宗的端砚相比，经济价值的差距也就更明显了。另外，作伪者还经常在石纹上进行伪造，如伪造石眼等，使古砚爱好者很难辨别真伪。如果出现这种问题，必须要了解的就是此砚石出自何坑，如端石的鱼脑冻的产地是下岩的大西洞，大西洞也出产胭脂晕，其他坑洞出产的石料肯定不具备同样的纹理，只有大西洞的特殊条件才能"培育"出那些高贵的纹理。如果石质不相同，却发现了相同或相似的"眼"，则可以判断为伪造。这需要鉴赏、收藏家们在石纹理认识辨别上下功夫，对名坑的纹理特点有具体的了解，这样才可以不断地提高判断力，才能准确地鉴别。

名砚收藏品鉴

珍贵的砚材从古至今价格都很高,苏易简曾经在《文房四谱·砚谱》中有过记录:"圆石青紫色者,琢而为砚,可值千金。"圆石就是子石,这种石料是端石中的佳品,产地为下岩西坑,不同的坑价值也有差异。此外,喜欢藏砚者,对于雕砚名匠的雕刻风格也必须了解和熟悉。

收藏者阅读综合论述砚台的发展,砚材的品种,不同砚的纹理、装饰风格的书籍,可以使藏家有效提高鉴别能力和鉴赏水平。

荷鱼砚

朝代:明

规格:21cm×13cm×5cm

市场参考价:3万~4万元

第五章
赏宝鉴珍——古砚的鉴定与收藏

雕花淌池砚

朝代：清

规格：26cm×16cm×3cm

市场参考价：3万~4万元

  我国砚的种类丰富多样，更重要的是分布在各地，不同的石料特点各异，增加了辨伪的难度。要收藏货真价实的珍品，辨伪是必须注意的问题，首先要注意的就是砚的价值。砚的价值和砚匣有一定的关系，具体的判断条件有三个：

名砚收藏品鉴

一是砚材。辨伪首先要看石料的自然品相。通常来说优质的砚石可以决定自身的价值。

二是雕工。每一位雕刻砚的高手都技艺精湛，而且善于巧用石疵达到"化腐朽为神奇"的效果，所雕之砚价值自然昂贵。

三是刻铭。文人砚就是其中的例子之一，砚的装饰往往是诗、书、画、印一应俱全，刻铭的部分充分表现了砚的历史年代，另外还可以寄托主人的情趣。要知道，砚的价值和其制成年代的关系是非常密切的，而制造赝品者通常都是利用人们的好古心理投其所好进行伪造的。

卵石歙砚

朝代：清
规格：17cm×11cm×4.5cm
市场参考价：4万~5万元

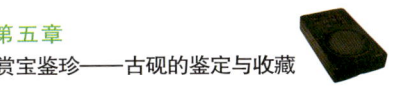

第五章
赏宝鉴珍——古砚的鉴定与收藏

古蝉抄手砚

朝代:宋
规格:25cm×16cm×4cm
市场参考价:5万~6万元

》古砚的保存

1. 平时保养砚的重要性

很多古砚都具备了优秀的欣赏价值和收藏价值。很多石质佳美、雕琢精湛的砚都可以被称为砚石中的瑰宝。许多古砚的历史都很长,有些还带有历史文物的价值。

名砚收藏品鉴

伴随着审美的差异和迅速变化的情绪,现在的人们再也无法理解这种外观古朴简约的砚台中蕴含的巨大文化内蕴了。

因为上述原因,古砚的价值一直没能受到人们的关注,故而价值一直未能体现出来。即使到了今天,了解砚的人还是不多,古砚的价值还没有得到重视。在民间收藏市场,中档品质的石质古砚价格仅2000多元,上好的没有铭文的端砚也只有几千元,上万元的甚少。

从这些方面来看,古砚的价值无疑被低估了很多。

近年来,人们的经济与生活水平得到了迅速提高,传统文化也越来越普及,人们对古砚的了解也越来越多、越来越专业。因此我们有理由相信:作为文房四宝之首的古砚,其在未来的价值一定会让世人瞩目,而这一天并不遥远。

贯耳瓶砚

朝代:宋
规格:33cm×17cm×5cm
市场参考价:4万~6万元

第五章
赏宝鉴珍——古砚的鉴定与收藏

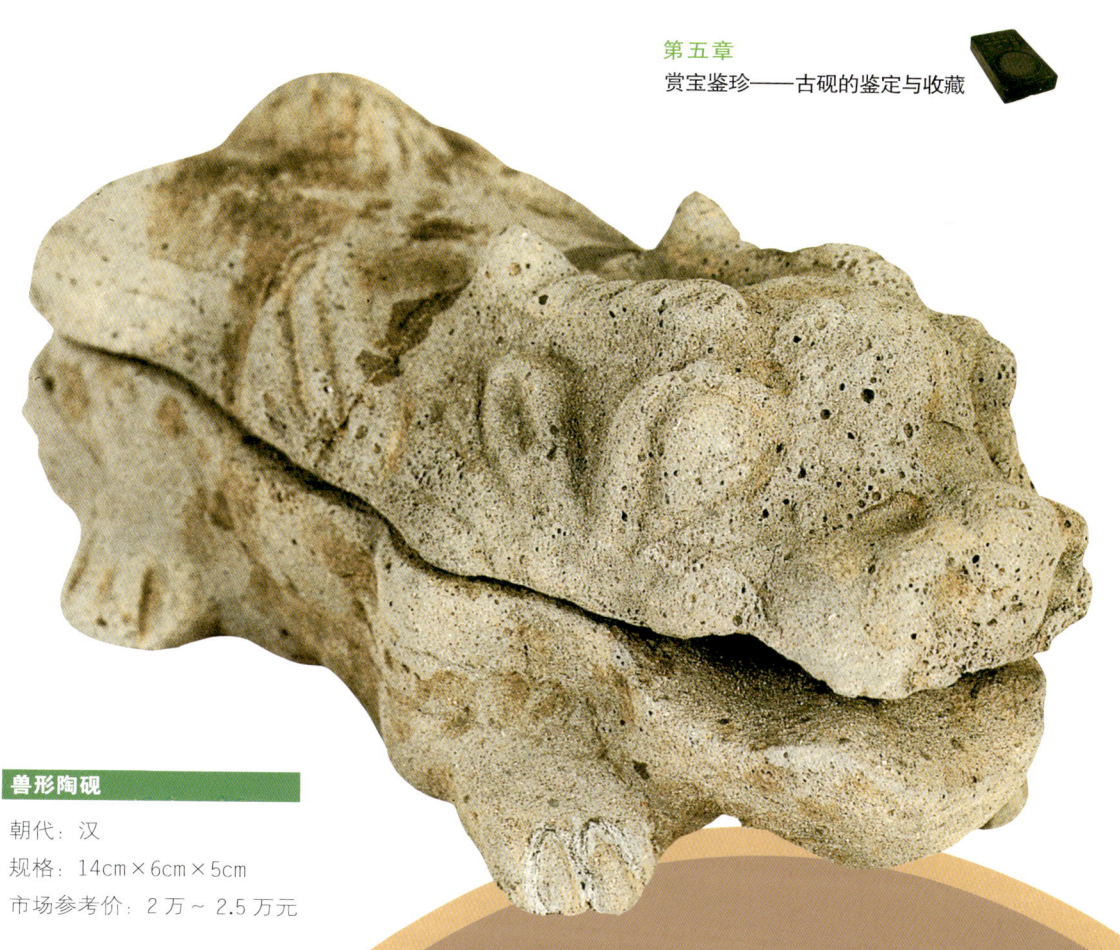

兽形陶砚

朝代：汉

规格：14cm×6cm×5cm

市场参考价：2万～2.5万元

2. 砚的保养细节

古时候的人在用砚、赏砚、藏砚等各个方面都是很考究的，因此总结出了很多经验，这些经验都是非常值得现在的使用者和收藏者学习借鉴的。砚的使用、保养和收藏具体来说包括以下几个方面。

 **名砚收藏品鉴**

（1）使用前的发砚。一般来说，新砚上面都有封砚用的蜡和油脂，像歙砚一般都使用核桃油、蓖麻油或缝纫机油进行封砚。如果不清理就进行使用，那效果肯定是发墨差甚至不发墨。清理的时候都是用毛刷蘸清水调制的木炭粉（通常用杉木制成）刷洗砚堂一次或者是多次，可以先用500号以上的水砂纸对砚堂进行打磨，然后用水冲洗干净，这样能够保证不错的发墨效果。古人将这一步称为"开砚"，今天的说法是"发砚"。

汉红陶圆形砚

朝代：汉
规格：14cm×14cm×5cm
市场参考价：0.5万~1万元

第五章
赏宝鉴珍——古砚的鉴定与收藏

门字形飞龙砚

朝代：明

规格：25cm×16cm×4cm

市场参考价：3万～5万元

（2）正确研磨。在这个方面有几个原则：其一，佳砚绝不使用劣墨。劣墨虽然价格便宜，可是有许多杂质，质地不纯，使用后很容易损伤砚面。其二，研墨要使用干净的凉水，不能利用茶叶水等有色水和温度较高的水，有色水可能影响墨色的纯正，高温的水对墨和砚的副作用都是很大的。其三，研磨使用的方法不管是旋转式还是推拉式的（日本多用推拉式），墨身和砚面都要始终保证垂直角度，重按轻转（推拉），先慢后快，切忌急于求成。其四，墨研磨完毕后不能放于砚面不取，因为墨块干燥后肯定会粘到砚堂上，拔下墨块时容易剥去砚面，造成难以弥补的遗憾。其五，零度以下不适合使用砚，因为温度很低，容易导致砚台结冰，这对砚石不利。

 **名砚收藏品鉴**

鱼龙砚

朝代：明

规格：29cm×19cm×6cm

市场参考价：6万～7万元

（3）及时清洗。砚在使用后必须进行清洗，对此，古人曾经有"宁可三日不洗面，不可一日不洗砚"的说法。清洗的重点则是砚堂、砚池部分，只有这样才能保证砚石细腻柔润和下次研磨时墨色保持纯正。洗砚最好的水是皂角清水，用丝瓜瓤或莲房壳慢慢洗去砚面滞墨。污水和开水都不能用来清洗，洗后风干或用干净软布拭干，不可以使用毡片、硬布或废旧纸张等材料擦拭。

（4）水养油护。砚石与水的关系可以说是千丝万缕，很多名砚的砚石在开采前都要用泉水浸润，这样石料才能干净、滋润。所以，砚在使用、清洗之后还要使用清水进行养护，从而保证砚的润滑，一般的办法就是将清水注于砚池中，天天换水，保证砚不干燥。要避免磨墨处积水，砚石中常含有石英、长石、云母成分的粉砂，上述矿质经过水的浸泡很容易转化为泥质，影响发墨。

琴砚

朝代：清

规格：29cm×16cm×5cm

市场参考价：4万～5万元

第五章
赏宝鉴珍——古砚的鉴定与收藏

子石鹅砚

朝代：明

规格：15cm×12cm×4cm

市场参考价：4万～5万元

仿宋天成凤字砚

朝代：近代

规格：12cm×10cm×3cm

市场参考价：1.5万～2万元

名砚收藏品鉴

（5）合理保管。无论砚是使用还是收藏，都不能忽视妥善存放的问题。使用的砚在使用与清洗后就应该马上加盖，随之存放到阴凉的地方，防止暴晒。收藏的砚也不应该放到阳光直射的地方，更不能暴露在干燥的空气中，因为这都可能影响砚的石质，最终磨出的墨汁也将失去原有的优点。

群鱼戏水砚

朝代：近代
规格：26cm×16cm×8cm
市场参考价：4万～5万元

松鹤砚

朝代：清
规格：28cm×18cm×5cm
市场参考价：4万～5万元

第五章
赏宝鉴珍——古砚的鉴定与收藏

精品砚台欣赏

长方砚

朝代：民国

规格：27cm×18cm×4cm

市场参考价：2万～3万元

龙纹砚

朝代：民国

规格：28cm×22cm×7cm

市场参考价：0.5万～1万元

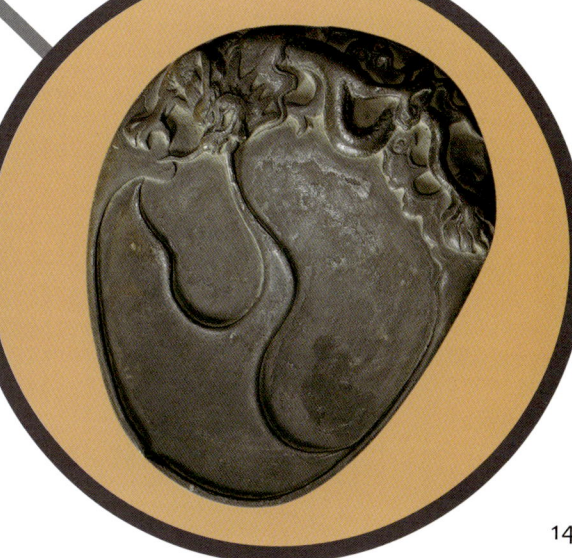

名砚收藏品鉴

梅花纹长方砚

朝代：民国

规格：17cm×11cm×4cm

市场参考价：1.5万~2万元

双龙戏珠砚

朝代：民国

规格：23cm×20cm×3cm

市场参考价：1.5万~2万元

第五章
赏宝鉴珍——古砚的鉴定与收藏

云龙纹砚

朝代：民国

规格：23cm×17cm×4cm

市场参考价：2万~2.5万元

八方大砚

朝代：民国

规格：28cm×28cm×4cm

市场参考价：0.5万~0.8万元

名砚收藏品鉴

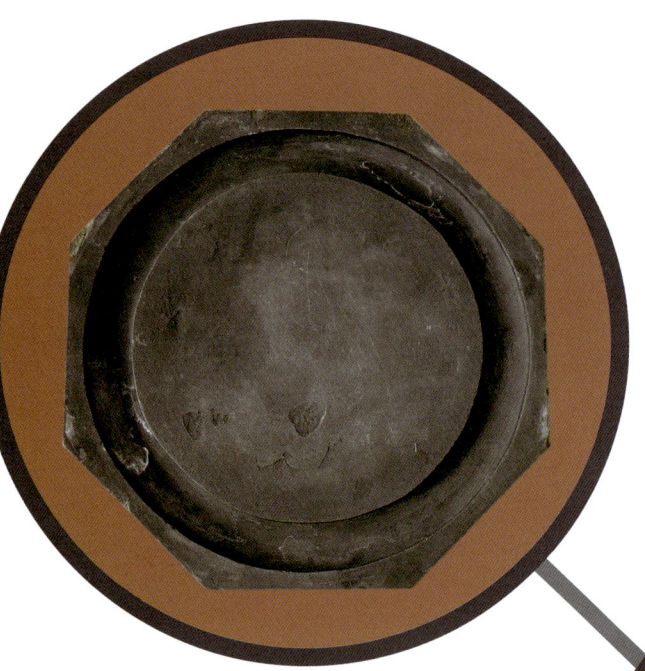

八方大砚

朝代：民国
规格：29cm×29cm×4cm
市场参考价：0.5万~0.8万元

八方大砚

朝代：民国
规格：32cm×32cm×4cm
市场参考价：0.5万~0.8万元

第五章
赏宝鉴珍——古砚的鉴定与收藏

淌池砚

朝代：清

规格：25cm×15cm×3cm

市场参考价：3万~5万元

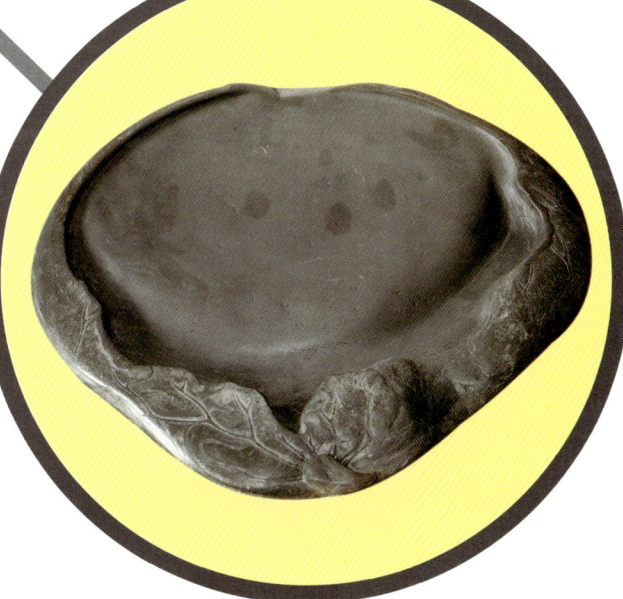

荷叶纹砚

朝代：清

规格：29cm×27cm×4cm

市场参考价：0.5万~1万元

名砚收藏品鉴

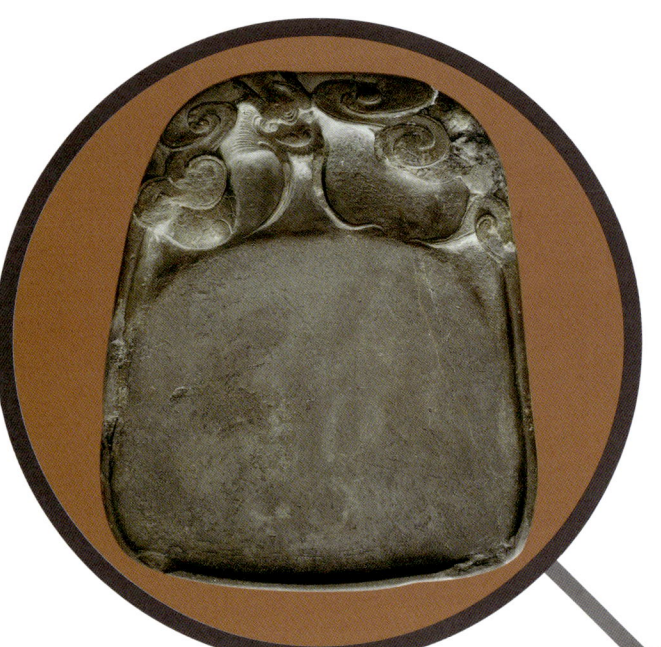

龙纹砚

朝代：清

规格：22cm×18cm×4cm

市场参考价：0.5万~1万元

麒麟纹长方砚

朝代：清

规格：21cm×14cm×4cm

市场参考价：1.5万~2万元

第五章
赏宝鉴珍——古砚的鉴定与收藏

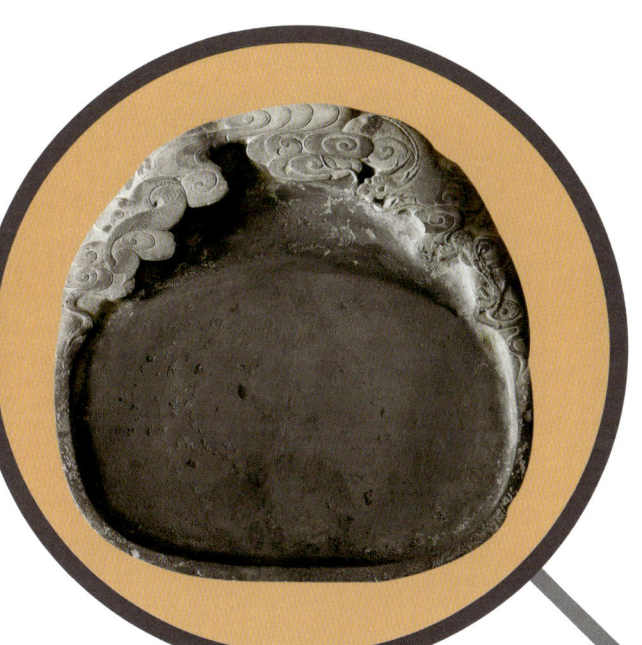

云龙纹砚

朝代：清

规格：31cm×30cm×5cm

市场参考价：1.5万~2万元

贝叶砚

朝代：清

规格：23cm×13cm×2cm

市场参考价：1.5万~2万元

名砚收藏品鉴

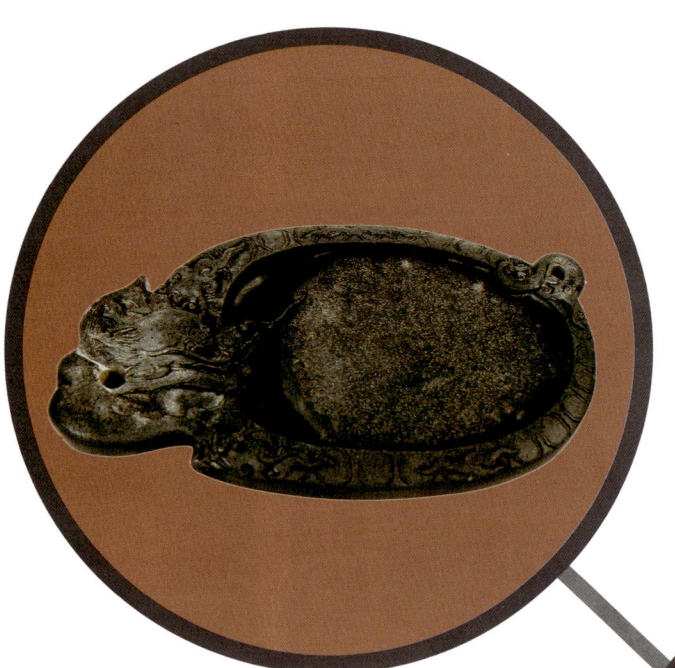

鱼化龙鱼子石砚

朝代：明
规格：21cm×12cm×3cm
市场参考价：3万~4万元

古琴砚

朝代：清
规格：20cm×13cm×3cm
市场参考价：1万~2万元

第五章
赏宝鉴珍——古砚的鉴定与收藏

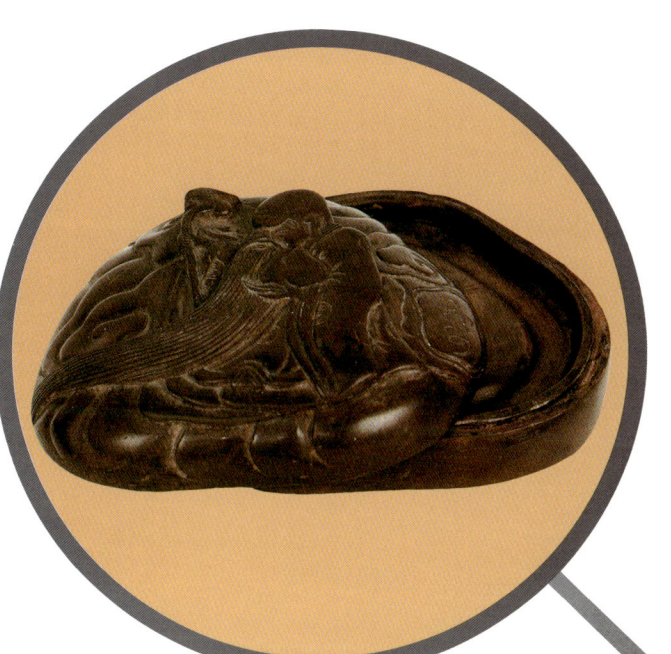

紫砂寿星砚
朝代：清
规格：20cm×16cm×3cm
市场参考价：2万~2.5万元

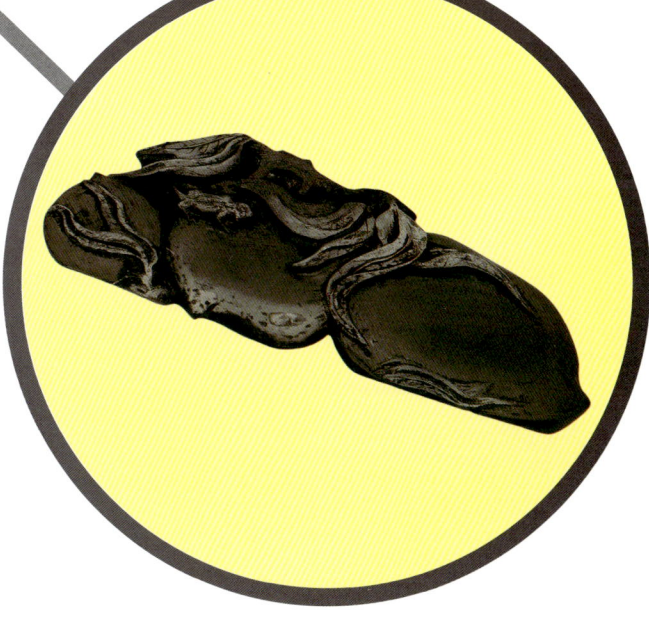

寿桃祁阳石砚
朝代：清
规格：30cm×13cm×3cm
市场参考价：2万~3万元

名砚收藏品鉴

石纹渠砚

朝代：宋

规格：不详

市场参考价：3万~4万元

归来砚

朝代：清

规格：32cm×26cm×4cm

市场参考价：2万~2.5万元

第五章
赏宝鉴珍——古砚的鉴定与收藏

金蟾砚
朝代：元
规格：25cm×15cm×7cm
市场参考价：1.5万～3.5万元

玉兰砚
朝代：清
规格：40cm×30cm×30cm
市场参考价：1万～1.5万元

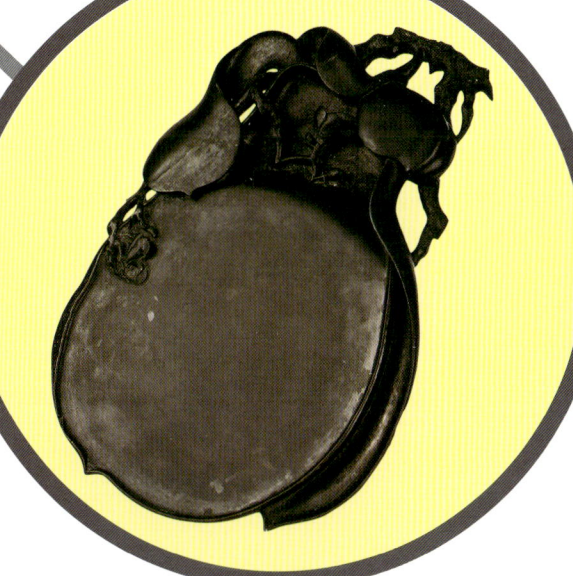

名砚收藏品鉴

蟾蜍砚

朝代：元

规格：24cm×15cm×7cm

市场参考价：1.5万～3万元

虎伏砚

朝代：宋

规格：16cm×9cm×6cm

市场参考价：1.5万～2万元

第五章
赏宝鉴珍——古砚的鉴定与收藏

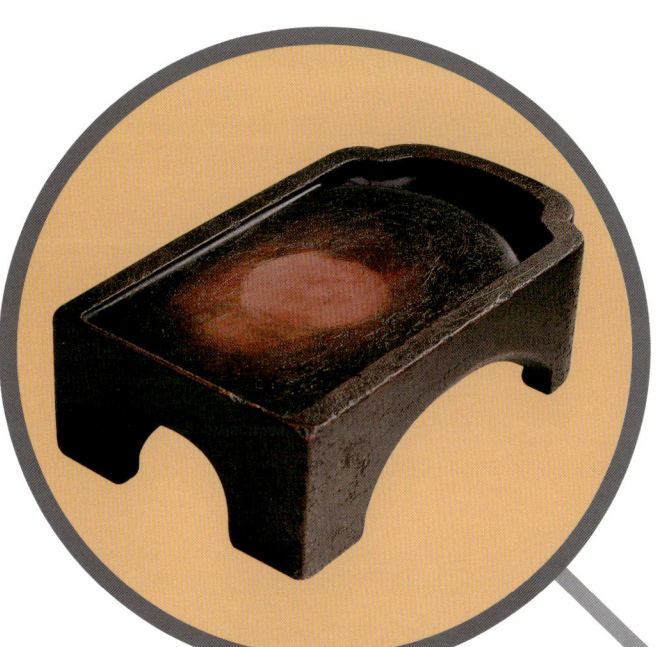

虎形砚

朝代：宋

规格：30cm×18cm×9cm

市场参考价：2.5万~3万元

龙戏珠砚

朝代：宋

规格：28cm×17cm×7cm

市场参考价：2万~2.5万元

名砚收藏品鉴

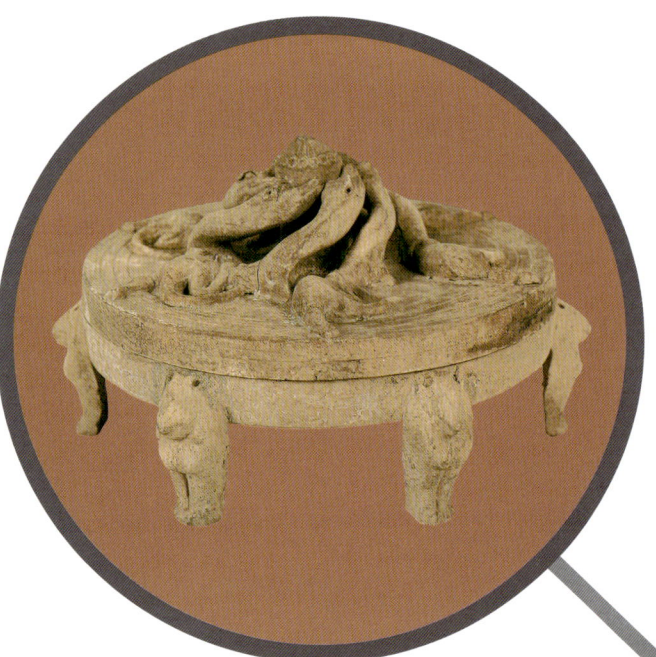

六龙盘柱白陶砚

朝代：汉

规格：19cm×19cm×10cm

市场参考价：2万~2.5万元

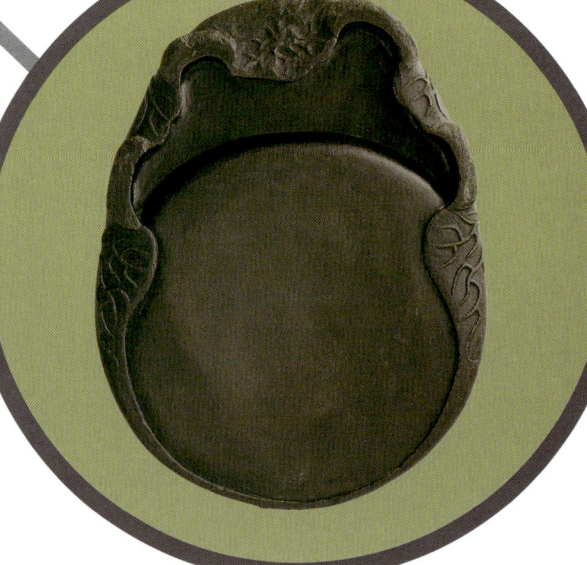

荷叶大砚

朝代：元

规格：31cm×23cm×3cm

市场参考价：3万~4万元

第五章
赏宝鉴珍——古砚的鉴定与收藏

夔龙群戏端砚

朝代：清

规格：45cm×20cm×9cm

市场参考价：3万~5万元

平板形紫端砚

朝代：清

规格：16cm×12cm×4cm

市场参考价：3.5万~5万元

名砚收藏品鉴

紫端八角乾隆砚

朝代：清

规格：28cm×28cm×25cm

市场参考价：4万~5万元

紫端龙砚

朝代：清

规格：26cm×17cm×5cm

市场参考价：2.5万~3.5万元

第五章
赏宝鉴珍——古砚的鉴定与收藏

太史端砚

朝代：清

规格：30cm×17cm×8.5cm

市场参考价：5.5万~7.5万元

卧牛端石砚

朝代：近代

规格：29cm×19.5cm×6cm

市场参考价：2.5万~3.5万元

名砚收藏品鉴

松鹤紫端砚

朝代：清

规格：40cm×10cm×5cm

市场参考价：1万~1.5万元

鸳鸯紫端砚

朝代：清

规格：23cm×19.5cm×3cm

市场参考价：2.5万~3万元

第五章
赏宝鉴珍——古砚的鉴定与收藏

云龙砚

朝代：明

规格：23cm×14cm×6cm

市场参考价：1万~1.5万元

龙凤砚

朝代：明

规格：33cm×22cm×5cm

市场参考价：2万~2.5万元

名砚收藏品鉴

瓶形大砚

朝代：明

规格：33cm×20cm×7cm

市场参考价：2万~2.5万元

耳杯形扁砚

朝代：明

规格：19cm×12cm×2cm

市场参考价：1.5万~2万元

第五章
赏宝鉴珍——古砚的鉴定与收藏

门形砚

朝代：明

规格：24cm×15cm×5cm

市场参考价：3万~5万元

壶纹砚

朝代：明

规格：27cm×17cm×5cm

市场参考价：2万~3万元

名砚收藏品鉴

云龙戏珠砚

朝代：明

规格：25cm×16cm×6cm

市场参考价：1.5万~2万元

八卦抄手砚

朝代：清

规格：18cm×11cm×3cm

市场参考价：1.5万~2万元

第五章
赏宝鉴珍——古砚的鉴定与收藏

栀子花如意砚

朝代：近代
规格：20cm×12cm×4cm
市场参考价：2.5万～3万元

蓬莱砚

朝代：明
规格：34cm×22cm×6cm
市场参考价：7万～9万元

名砚收藏品鉴

鹅形砚

朝代：明

规格：26cm×13cm×8cm

市场参考价：3万~4万元

凤鳞朝阳砚

朝代：清

规格：29cm×18cm×5cm

市场参考价：3.5万~4万元

第五章
赏宝鉴珍——古砚的鉴定与收藏

五蝠砚
朝代：清
规格：25cm×14cm×8cm
市场参考价：3万～4万元

淌池大砚
朝代：清
规格：31cm×18cm×3.4cm
市场参考价：5万～6万元

名砚收藏品鉴

龙马长方砚

朝代：明

规格：24cm×14cm×7cm

市场参考价：5万～6万元

海螺大砚

朝代：清

规格：30cm×20cm×5cm

市场参考价：1.5万～2万元

第五章
赏宝鉴珍——古砚的鉴定与收藏

金星金晕石砚

朝代：清

规格：23cm×13cm×3cm

市场参考价：9万~10万元

红丝石簸箕砚

朝代：唐

规格：18cm×13cm×3cm

市场参考价：4万~6万元

名砚收藏品鉴

辟雍红色石砚

朝代：唐
规格：不详
市场参考价：6.5万~7万元

大鳜鱼砚

朝代：明
规格：40cm×28cm×4cm
市场参考价：3万~4万元

第五章
赏宝鉴珍——古砚的鉴定与收藏

簸箕形玉砚

朝代：宋

规格：13cm×13cm×2cm

市场参考价：2万~3万元

磬纹砚

朝代：明

规格：27cm×19cm×3cm

市场参考价：2万~2.5万元

名砚收藏品鉴

瓦形小砚

朝代：清

规格：14cm×9cm×3cm

市场参考价：3万~3.5万元

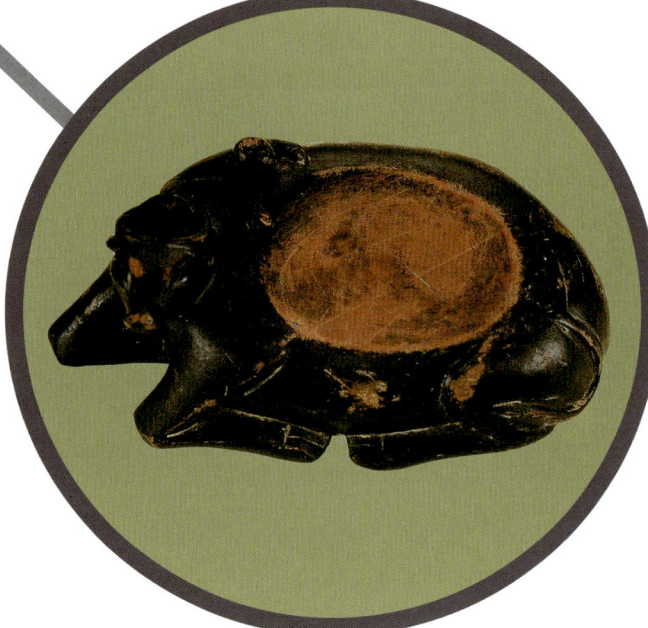

牧牛砚

朝代：明

规格：19cm×11cm×6cm

市场参考价：6万~7万元

第五章
赏宝鉴珍——古砚的鉴定与收藏

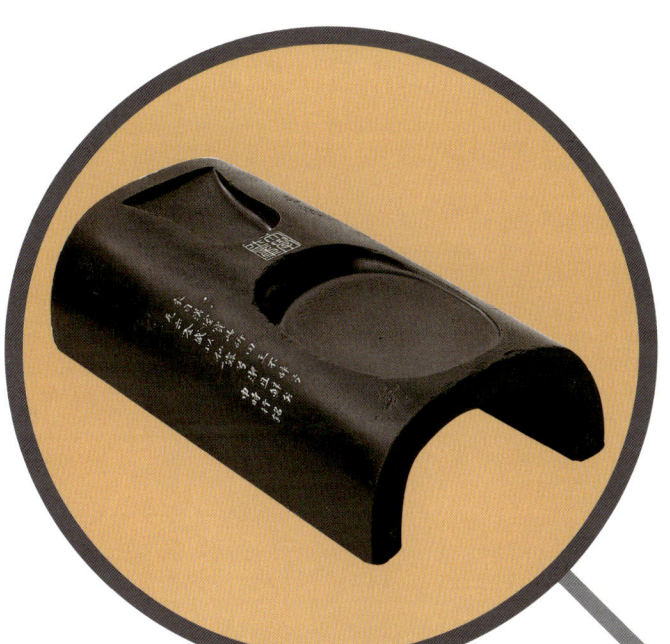

瓦筒形双砚

朝代：汉

规格：28cm×15cm×8cm

市场参考价：3万～3.5万元

猫砚

朝代：明

规格：19cm×13cm×8cm

市场参考价：7万～9万元

名砚收藏品鉴

圆满方形砚

朝代：明

规格：22cm×22cm×6cm

市场参考价：2万～3万元

蜘蛛砚

朝代：明

规格：23cm×18cm×7cm

市场参考价：6万～6.5万元

第五章
赏宝鉴珍——古砚的鉴定与收藏

双龙戏珠端砚

朝代：清

规格：25cm×12cm×4cm

市场参考价：4万~5万元

随形歙砚

朝代：清

规格：20cm×16cm×9cm

市场参考价：3万~4万元

名砚收藏品鉴

长形大砚

朝代：清

规格：25cm×13cm×3cm

市场参考价：2万～3万元

魁星大砚

朝代：清

规格：21cm×12cm×3cm

市场参考价：3万～4万元

第五章
赏宝鉴珍——古砚的鉴定与收藏

如意抄手砚

朝代：明

规格：17cm×9cm×2.5cm

市场参考价：2万~3万元

荷中君子砚

朝代：明

规格：21cm×12cm×3cm

市场参考价：3万~4万元

名砚收藏品鉴

福寿八角端砚

朝代：清

规格：15cm×15cm×2.5cm

市场参考价：2万~2.5万元

栀子花如意砚

朝代：明

规格：25cm×15cm×7cm

市场参考价：4万~5万元

第五章
赏宝鉴珍——古砚的鉴定与收藏

梅花纹长方砚

朝代：民国

规格：17cm×11cm×4cm

市场参考价：2万~2.5万元

麒麟纹长方砚

朝代：清

规格：21cm×14cm×4cm

市场参考价：2万~3万元

名砚收藏品鉴

夔龙群戏端砚

朝代：清

规格：45cm×20cm×9cm

市场参考价：7万～8万元

紫端八角乾隆砚

朝代：清

规格：28cm×28cm×25cm

市场参考价：8万～9万元

后记
POSTSCRIPT

砚是我国传统文化的标志之一，说起砚，便能想起我国悠久而灿烂的古代文明。到了今天，人们的书写方式发生了翻天覆地的变化，砚台似乎退出了历史的舞台。

我们平时的生活中固然已经很少见到砚台了，可是伴随着近几年的国学热，书法等传统文化再次兴盛，这也让砚台重新回归人们的视野。砚的收藏市场，尤其是古砚的收藏，变得日渐火热，进入这一领域的收藏者朋友们越来越多。

虽然古砚的收藏相当火热，可是收藏需要专业知识，很多刚刚接触古砚收藏的朋友因为没有经验而吃了亏，不但花了冤枉钱，而且还没能得到自己称心如意的藏品。

为了能够让本书更具有专业性和趣味性，我们特意挑选了许多精美的图片，以图释文，更有助于刚刚接触砚台收藏的朋友们了解相关知识，为了做得更专业，我们特意前往河北省保定市拜访了砚台收藏家赵会坡先生，赵先生不但热心地给我们讲述了许多砚台收藏的知识，而且亲自带领我们参观了他的藏品，并为我们提供了很多精美的图片。在本书付梓之际，我们衷心地向赵先生表示感谢！

古砚的收藏有很高的文化性和趣味性，希望古砚收藏爱好者朋友们在看完本书后能够提升自己对古砚的鉴赏能力，我们也希望和读者朋友们做进一步的交流！

名砚 收藏品鉴

总 策 划： 袁 海　王丙杰
　　　　　　贾振明　张建平

项目负责： 张建平

排版制作： 腾飞文化公司

编委会： 林婧琪　邹岚阳　夏弦月
　　　　　　佳　怡　玉艺婷　吕陌涵
　　　　　　鲁小娴　默　梵　潇诺尔

图片提供： 赵会坡　周　溯